# 새 연세한국어
# 듣기와 읽기 5-1

연세대학교 한국어학당 편

연세대학교 대학출판문화원

# 머리말

연세대학교 한국어학당은 1959년에 설립된 한국 최초의 외국어로서의 한국어 교육 기관이다. 연세대학교 한국어학당은 그간의 역사와 명성에 걸맞게 다양한 한국어 교재 편찬 및 관련 연구를 해 옴으로써 한국어 교육을 선도해 왔다. 지금까지 전 세계에서 온 약 147개국의 14만 명에 이르는 한국어 학습자들에게 한국어와 한국 문화를 가르쳐 왔으며, 최근에는 오프라인 한국어 교육뿐만 아니라 세계 각국의 한국어 학습자들을 대상으로 글로벌 온라인 대중 공개 강좌(MOOC)를 개설하여 학습자들로부터 큰 호응을 얻고 있다. 특히 최근 빠른 속도로 변화해 가는 교육 환경에 맞추어 새로운 교수법과 교수 자료 개발에 힘을 기울이는 등 끊임없는 노력을 하고 있다.

연세대학교 한국어학당은 그간 일반 목적 한국어 학습자들뿐만 아니라 특수 목적 한국어 학습자들을 대상으로 정규 과정, 단기 과정, 대학 한국어 과정 등 다양한 교육 과정을 개설 운영하면서 학습자의 요구에 부응하는 최상의 교재를 개발해 왔다. 이러한 교재들은 국내외의 한국어 교육 기관에서 교사와 학습자들의 다양한 요구를 충족시키며 양질의 한국어 교수·학습을 위해 널리 사용되고 있다.

연세대학교 한국어학당은 그간 가장 큰 호응을 받아 왔던 '연세한국어' 1급~6급의 뒤를 이을 새로운 교재로 '새 연세한국어' 시리즈를 기획 출간하게 되었다. 이 교재의 개발을 위해 한국어 교육 현장 경험이 풍부한 전문 한국어 교육학자 및 교사들이 대거 투입되었고 최상의 한국어 교수법 및 학습자 집단의 요구에 대한 이해를 바탕으로 개발 작업이 장기간에 걸쳐 수행되었다.

이번에 출간된 '새 연세한국어' 시리즈는 총 6단계로 각 단계마다 어휘와 문법 교재, 말하기와 쓰기 교재, 듣기와 읽기 교재로 구성되어 있다. '새 연세한국어 어휘와 문법'은 한국어 학습자들이 각 숙달도별로 가장 필수적으로 익혀야 하는 주요 어휘와 문법에 대한 이해와 활용을 중심으로 구성되었다. '새 연세한국어 말하기와 쓰기'는 원활한 한국어 의사소통을 위해 꼭 필요한 표현 기능을 수행할 수 있도록 말하기, 쓰기 과제를 중심으로 구성되었다. 또한 '새 연세한국어 듣기와 읽기'는 듣기, 읽기 과제를 중심으로 각 급별 숙달도에 적절한 이해 능력을 함양시킬 수 있도록 구성되었다. 이 세 권의 교재는 어휘·문법, 표현, 이해 능력의 고른 발달을 위해 패키지로 함께 사용될 수도 있고, 교육 현장 여건이나 학습자의 요구에 따라 별도로 사용될 수도 있다. 또한 어휘와 문법 교재의 경우 별도의 지침서가 무료로 제공되므로 교육 경험이 다소 부족한 국내외의 한국어 교사들에게 유용한 길잡이가 될 수 있을 것이다.

연세대학교 한국어학당은 앞으로도 전 세계 한국어 학습자들의 요구와 기대에 부응하는 교재 개발을 위해 최선을 다할 것이다. 아울러 본 교재가 국내외에서 한국어 교육을 위해 노력을 아끼지 않는 많은 교사와 한국어 학습을 위해 노력하는 모든 학습자들에게 큰 도움이 되기를 바란다.

**연세대학교 언어연구교육원**

한국어학당 교재편찬위원회

# 일러두기

01 이 책은 <새 연세한국어 어휘와 문법5>, <새 연세한국어 말하기와 쓰기5>와 함께 한국어 고급 학습자들이 사용하도록 구성된 교재이다.

02 이 책은 한국어 고급 학습자들이 한국어로 된 글을 읽거나 이야기를 듣고 이해할 수 있는 능력을 키울 수 있도록 구성된 이해 능력 개발 교재이다.

03 이 책은 총 20과이며 각 과는 2개의 소단원으로 구성되어 있다. 그리고 2개 과마다 앞에서 학습한 내용을 복습할 수 있는 복습 10개와 한국 문화에 대한 소개 10개를 실었다. 각 소단원은 50분 수업 분량으로 이 책은 총 50회의 수업을 진행하도록 구성되어 있다.

04 이 책의 각 소단원은 '제목, 학습 목표'와 '준비해 봅시다, 들어 봅시다(읽어 봅시다), 정리해 봅시다'의 3단계로 구성되어 있다. 각 소단원은 읽기 또는 듣기 기능을 수행하도록 구성되어 있으며 전체적으로 읽기 능력과 듣기 능력을 균형 있게 향상시킬 수 있도록 구성되어 있다.

05 각 과와 소단원의 제목은 <새 연세한국어 어휘와 문법5>와 동일하다.

06 '학습 목표'는 '-에 대한 글을 읽고 이해할 수 있다' 또는 '-에 대한 이야기를 듣고 이해할 수 있다'와 같이 이해 기능이 드러나도록 기술되어 있다.

07 '준비해 봅시다'는 각 소단원의 들어가기에 해당되며 해당 단원의 읽기나 듣기 내용의 이해를 돕기 위한 준비 단계이다. 소단원의 주제에 대한 배경 지식을 환기시키는 시각 자료와 질문으로 구성되어 있다.

08 '들어 봅시다'는 짧은 이야기 듣기에서 시작해서 긴 이야기 듣기로 내용을 순차적으로 확대하여 제시했다. 강의, 뉴스, 방송, 토론, 발표 등 한국어 고급 학습자들에게 유용한 내용으로 구성되어 있으며 공식적이고 사회적인 맥락을 고려한 듣기 내용으로 제시되어 있다.

9 '읽어 봅시다'는 한국어 고급 학습자들에게 필요한 읽기 자료를 다양하게 제시하였다. 기사, 설명문, 소설, 수필 등 공식적이고 사회적인 맥락에서 접할 수 있는 내용의 실용문을 통해서 읽기 능력을 향상시키는 데 초점을 맞추고 있다.

10 '정리해 봅시다'는 마무리 단계로서 각 소단원에서 학습한 내용을 학습자 스스로 확인하고 점검하고 다른 언어 능력과의 통합 교육을 통해서 한국어 능력을 강화하도록 구성되어 있다.

11 '복습'은 정리하고 마무리하는 단계로서 선행 학습한 2개 과의 주제와 관련된 읽기나 듣기 활동으로 구성되어 있으며, 해당 내용을 파악하는 질문을 제시하였다.

12 '문화'는 선행 학습한 2개 과와 관련된 한국의 문화를 소개함으로써 한국에 대한 이해를 돕도록 구성되어 있으며, 학습자들이 자신의 의견을 소개할 수 있도록 관련된 질문을 제시하였다.

13 부록에는 듣기 지문과 모범 답안, 어휘 색인을 제시하였다.

# 단원구성

| 과 | 소단원 | 학습 목표 | 문화 |
|---|---|---|---|
| 1과 문화의 차이 | <1> 문화의 다양성 | 문화를 이해하는 태도에 대한 글을 읽고 이해할 수 있다. | 세종 대왕 |
| | <2> 언어 표현과 문화 | 언어 표현에 대한 이야기를 듣고 이해할 수 있다. | |
| 2과 언어와 생활 | <1> 한글의 독창성 | 훈민정음에 대한 글을 읽고 이해할 수 있다. | |
| | <2> 변화하는 언어 | 다양한 언어 생활에 대한 이야기를 듣고 이해할 수 있다. | |
| 3과 음식과 문화 | <1> 음식 속의 과학 | 세계 여러 나라의 발효 음식에 대한 이야기를 듣고 이해할 수 있다. | 한국의 발효주 '막걸리' |
| | <2> 특색 있는 향토 음식 | 향토 음식에 대한 글을 읽고 이해할 수 있다. | |
| 4과 건강과 운동 | <1> 인체와 질병 | 질병의 증세와 예방에 대한 이야기를 듣고 이해할 수 있다. | |
| | <2> 현대인과 운동 | 운동이 현대인에게 끼치는 영향에 대한 글을 읽고 이해할 수 있다. | |
| 5과 과학과 인간 | <1> 생활과 과학 | 인공 지능의 발달에 대한 글을 읽고 이해할 수 있다. | 세대별로 선호하는 에스엔에스(SNS) 유형 |
| | <2> 과학과 윤리 | 유전자 편집에 대한 이야기를 듣고 이해할 수 있다. | |

| 과 | 소단원 | 학습 목표 | 문화 |
|---|---|---|---|
| 6과 인터넷과 현대인 | <1><br>인터넷과 사생활 | 개인 정보 보호에 대한 이야기를 듣고 이해할 수 있다. | 세대별로 선호하는 에스엔에스(SNS) 유형 |
| | <2><br>현대인과 에스엔에스(SNS) | 에스엔에스의 순기능과 역기능에 대한 글을 읽고 이해할 수 있다. | |
| 7과 공교육과 사교육 | <1><br>한국의 학교 교육 | 한국의 대학 교육에 대한 글을 읽고 이해할 수 있다. | 조선 시대의 인성 교육 |
| | <2><br>한국의 교육열 | 한국의 사교육에 대한 이야기를 듣고 이해할 수 있다. | |
| 8과 삶과 배움 | <1><br>인성 교육 | 인성 교육에 대한 이야기를 듣고 이해할 수 있다. | |
| | <2><br>꾸준한 배움 | 평생 학습에 대한 글을 읽고 이해할 수 있다. | |
| 9과 남성과 여성 | <1><br>남성성과 여성성 | 소설 속에 나타난 한국 여성의 직장 생활에 대한 글을 읽고 이해할 수 있다. | 하나가 된 두 사람을 위한 기념일 '부부의 날' |
| | <2><br>연애와 결혼 | 소설 속에 나타난 결혼 생활에 대한 글을 읽고 이해할 수 있다. | |
| 10과 가정과 사회 | <1><br>출산과 육아 | 출산과 육아에 대한 이야기를 듣고 이해할 수 있다. | |
| | <2><br>가족 형태의 변화 | 가족 형태의 변화에 대한 글을 읽고 이해할 수 있다. | |

# 차례

# 등장인물 | Main characters

**에릭 파커**
- 미국
- 한국어학당 학생
- 한국전자 직원

**존 카마우**
- 케냐
- 한국어학당 학생
- 교환 학생

**사토 유키**
- 일본
- 한국어학당 학생
- 기자

**리타오**
- 중국
- 한국어학당 학생
- 대학 입학 예정자

**노라 한슨**
- 노르웨이
- 한국어학당 학생
- 대학원 입학 예정자

**최주앙**
- 브라질
- 한국어학당 학생
- 대학 휴학생

**응웬 흐엉**
- 베트남
- 한국어학당 학생

**레오 마르탱**
- 프랑스
- 한국어학당 학생
- 요리사

**올리비아 스미스**
- 호주
- 한국어학당 학생
- 외교관

**이윤아**
- 한국
- 대학생

**정하늘**
- 한국
- 대학생

**김우진**
- 한국
- 한국전자 직원

새 연세한국어

# 듣기와 읽기 5-1

01과

# 문화의 차이

## 1. 문화의 다양성

MP3 / 01

• 학습 목표: 문화를 이해하는 태도에 대한 글을 읽고 이해할 수 있다.

Ⅰ. 준비해 봅시다

**1** 여러분과 주변 사람들은 무엇이 다릅니까? 어떻게 하면 서로 잘 어울려서 살 수 있을까요?

**2** 여러분 나라의 문화와 한국 문화는 무엇이 같고 무엇이 다르다고 생각합니까? 문화의 다양성이란 무슨 뜻일까요?

> 다양성은 창의성을 향한 강력한 힘이다.
> - 마이클 아이즈너(기업인)
>
> 저에게 문화의 다양성은 서로의 차이를 이해하고 존중하는 것입니다.
> - 이정은(방송인)
>
> 지금은 부모가 아이들에게 다양성은 아름다움과 힘이 있다는 것을 일찍 가르쳐야 할 때이다.
> - 마야 안젤루(교수)

## II. 읽어 봅시다

다음 글을 읽고 질문에 답하십시오.

문화란 한 사회의 구성원들이 자연환경 위에서 만들어 낸 물질적, 정신적 산물이다. 즉 옷차림, 음식, 주거 형태, 가족 제도, 장례 방식 등 사람이 가지는 모든 종류의 생활 방식을 문화라고 할 수 있다. 문화는 자연환경에 따라서 혹은 민족, 종교, 세대, 성별 같은 여러 요인에 따라서 다양한 모습으로 나타난다.

그런데 이러한 문화에는 공통점과 차이점이 있다. 예를 들어 세계 어느 곳에나 가족 제도가 있고 장례 문화가 있으나 그 모습은 여러 형태로 다양하게 나타난다. 많은 사람들이 춤을 즐기지만 나라와 민족에 따라서 또는 세대와 성별에 따라서 즐기는 춤의 종류는 다양하다. 놀이 문화만 해도 시간을 즐겁게 보낸다는 공통점이 있지만 사람들이 즐기는 구체적인 내용은 춤일 수도 있고 운동이나 컴퓨터 게임일 수도 있는 것이다. 이와 같이 공통적으로 나타나는 특성을 문화의 보편성이라고 하고 다르게 나타나는 특성을 문화의 다양성이라고 한다.

이렇게 우리는 비슷하지만 또 서로 다른 문화적 특성이 공존하는 세계 안에서 살아가고 있다. 따라서 우리에게는 타 문화를 이해하려는 태도가 필요하다. 다른 문화를 이해하는 태도는 크게 두 가지로 나뉘는데 문화 절대주의와 문화 상대주의가 있다. 문화 절대주의란 문화를 평가하는 절대적인 기준이 있어서 더 나은 문화와 뒤떨어진 문화 사이에 우열이 있다는 견해이다. 이러한 견해를 가진 사람은 잘못하면 자기 문화가 우월하다고 생각하여 다른 문화를 부정적으로 평가하는 자문화 중심주의에 빠지거나 특정 문화만을 가장 좋은 것으로 동경해서 자기 문화를 비하하는 문화 사대주의에 빠지기가 쉽다. 반면 문화 상대주의란 세계 문화의 다양성을 인정하고 그 문화가 가진 독특한 환경과 역사적 또는 사회적 상황을 고려해서 다른 문화를 이해해야 한다는 것이다. 왜냐하면 각 문화는 특수한 환경과 역사적 또는 사회적 배경을 가지고 생겨난 것으로 그 나름대로 존재 이유가 있기 때문이다. 문화 상대주의적 관점으로 다른 문화를 본다면 다양한 문화를 올바르게 이해할 수 있을 것이다. 그런데 문화 상대주의 입장에는 생명을 경시하거나 인간의 인권이 보호되지 않는 문화까지도 인정하고 이해해야 한다는 극단적 상대주의도 있다. 하지만 이런 극단적인 관점은 많은 사람들의 지지를 받기도 어렵고 바람직하지도 않다.

그렇다면 우리는 다른 나라의 문화를 어떻게 이해해야 하는 것일까? 우리의 문화가 우수하다고 우리 것만 고집하다 보면 다른 문화를 받아들이지 못하고 우물 안 개구리가 될 수 있다. 또한 무조건 남의 문화를 동경하다가는 자기 문화에 대한 주체성이나 정체성을 잃어버리기가 쉽다. 따라서 한 사회의 문화를 상대주의적 관점에서 이해하고 인류의 보편적 가치를 존중하면서  다양성을 유지하려는 자세가 필요하다. 그렇게 함으로써 편견과 선입견 없이 타 문화를 올바로 이해할 수 있으며 자기 문화를 객관적으로 이해하고 자기 문화의 특징도 더 잘 알 수 있다. 그리고 타 문화를 다양하게 수용할 수 있다면 우리는 더욱 풍부한 문화생활을 향유할 수 있을 것이다.

보편성　공존하다　절대적　우열　동경하다　비하하다　사대주의　특수하다
나름대로　경시하다　극단적　정체성　올바로　향유하다

## 1 각 단락의 중심 내용을 쓰십시오.

| 단락 | 중심 내용 |
|---|---|
| 첫 번째 | 1) |
| 두 번째 | 문화의 특성 |
| 세 번째 | 2) |
| 네 번째 | 문화를 이해하는 올바른 태도 |

## 2 이 글의 내용과 다른 것을 고르십시오. (　　)

① 문화란 인간 집단이 공유하는 생활 방식이다.
② 민족이 다르면 문화도 달라서 공통점이 없다.
③ 어느 나라에나 춤을 즐기는 문화는 존재한다.
④ 어느 곳에나 놀이 문화가 있는 것은 보편적인 특성이다.

## 3 문화를 이해하는 관점과 그에 알맞은 의미를 연결하십시오.

| | 관점 | | | 의미 |
|---|---|---|---|---|
| 1) | 문화 절대주의 | • | • | 문화의 우열을 평가하는 기준이 있다. |
| 2) | 문화 상대주의 | • | • | 선진국의 문화를 무조건 좋다고 생각한다. |
| 3) | 문화 사대주의 | • | • | 자기 문화와 전통만이 최고라고 생각한다. |
| 4) | 자문화 중심주의 | • | • | 생명을 경시하는 문화라도 존중해야 한다. |
| 5) | 극단적 상대주의 | • | • | 각각의 문화는 다 존재 이유가 있다고 본다. |

**4** 이 글에 따르면 어떤 태도로 다른 문화를 이해해야 합니까?

---

**III. 정리해 봅시다**

여러분이 다른 문화를 이해하지 못하거나 다른 나라 사람들이 여러분 나라의 문화를 이해하지 못해서 당황한 적이 있습니까? 왜 그런 일이 생겼다고 생각합니까?

# 문화의 차이

## 2. 언어 표현과 문화

MP3 / 02

• 학습 목표: 언어 표현에 대한 이야기를 듣고 이해할 수 있다.

Ⅰ. 준비해 봅시다

1 여러분은 외국어를 배울 때 무엇이 어렵습니까? 한국어와 여러분의 모국어는 무엇이 다릅니까?

한국어 공부가 어려운 이유

(외국인 유학생 100명 대상 조사)

2 여러분은 말 속에 우리의 상황을 바꿀 수 있는 힘이 있다고 생각합니까? 어떤 말에 긍정적인 힘이 있을까요?

생각은 말을 바꾸고 말은 행동을 바꾸고 행동은 습관을 바꾸고 습관은 인생을 바꾼다.
- 마하트마 간디(정치가)

나의 언어의 한계는 나의 세계의 한계를 의미한다.
- 루트비히 비트겐슈타인(철학자)

긍정적인 말은 가능성을 열어 준다. 안 될 이유부터 찾는 사람은 어떤 일도 할 수 없다.
- 우에니시 아키라(상담가)

군자는 말을 잘하는 사람의 말에만 귀를 기울이지 않고 말이 서툰 사람의 말도 귀담아 듣는다.
- 공자(학자)

한계 귀담다

## Ⅱ. 들어 봅시다

[1] 듣고 질문에 답하십시오.

가슴이 콩콩 뛰어요.

학생이 쿵쿵 소리 내며 걸어요.

강이 꽁꽁 얼었어요.

**1** 들은 내용과 같은 것을 고르십시오. (　　)

① 속담을 알아야 한국어를 잘 이해할 수 있다.
② 진심을 전할 때 말하는 방법은 중요하지 않다.
③ 의태어는 자음이나 모음의 차이로 느낌이 달라진다.
④ 큰말과 작은말은 느낌의 차이만 있고 의미의 차이는 없다.

[2~3] 듣고 질문에 답하십시오.

**2** 한국어 공부의 어려움으로 이야기하지 않은 내용은 무엇입니까? (　　)

① 헷갈리는 한자 단어
② 혼란스러운 색깔 어휘
③ 같은 뜻을 가진 단어들
④ 다양한 의태어와 의성어

**3** 오늘 함께 이야기를 하는 사람들은 어떤 사람들입니까? 쓰십시오.

솔솔　술술　꽁꽁　의태어　의성어

[4~6] 다시 듣고 질문에 답하십시오.

**4** 흐엉 씨가 '밥, 식사, 끼니, 진지, 수라'와 같은 단어 때문에 당황한 이유는 무엇입니까?

______________________________

**5** 들은 내용과 같으면 ○, 다르면 X 하십시오.

1) 존은 이제 색깔 어휘를 잘 구별할 수 있게 됐다. ( )
2) '졸졸'은 물이 흐르는 모양을 나타내는 의태어이다. ( )

**6** 들은 내용과 같은 것을 고르십시오. ( )

① '곱다'는 나이 든 분께 주로 쓰는 표현이다.
② '착하다'는 마음을 표현할 때만 쓸 수 있는 말이다.
③ '정이 들었다'는 따뜻한 인간미가 담겨 있는 표현이다.
④ '아장아장'은 아기가 힘차게 걷는 모양을 표현하는 말이다.

애를 먹다 끼니 수라 태산 막 유사하다 정 구사하다

## Ⅲ. 정리해 봅시다

여러분이 좋아하는 한국어 표현이 있습니까? 왜 좋아하는지 이야기해 봅시다.

아장아장 걷다

괜찮아, 다 잘될 거야

목소리가 곱다

가격이 착하다

졸업을 한다니 시원섭섭하다

눈에 밟히다

사랑해

# 02과 언어와 생활

## 1. 한글의 독창성

MP3 / 03

• 학습 목표: 훈민정음에 대한 글을 읽고 이해할 수 있다.

Ⅰ. 준비해 봅시다

**1** 문자는 왜 필요할까요? 여러분 나라의 문자는 언제, 어떻게 만들어졌습니까?

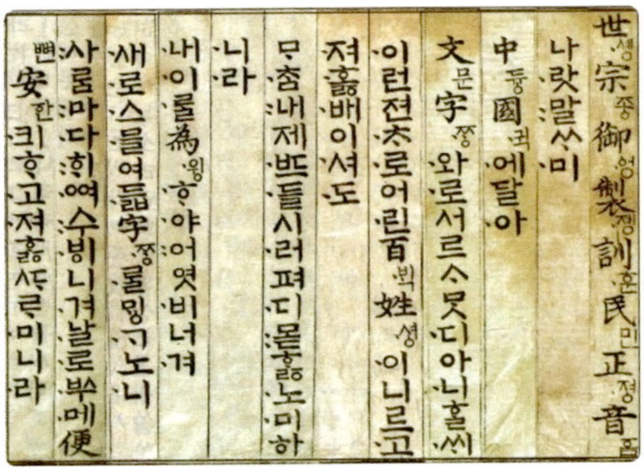

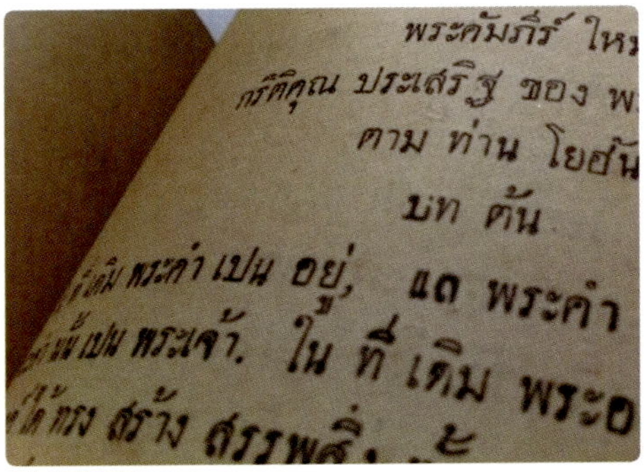

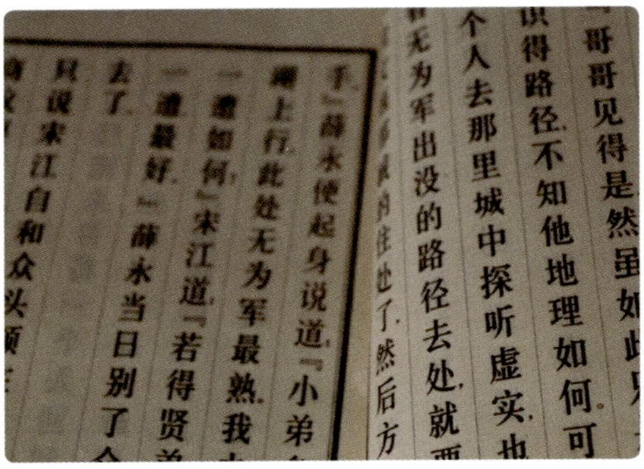

**2** 우리는 인류의 과거에 대해서 어떻게 알 수 있습니까? 인류는 어떤 방법으로 말과 생각을 전해 왔는지 이야기해 봅시다.

인류는 문자 기록을 통하여 문화를 보존하고 후대에 전해 준다. 문명을 발전시킨 인류는 예외 없이 지식과 정보를 기록하여 보존할 수 있는 문자를 가지고 있었다. 이런 사실로부터 우리는 문명을 발전시킨 원동력이 문자 언어의 사용임을 알 수 있다.

후대

II. 읽어 봅시다

다음 글을 읽고 질문에 답하십시오.

### 세종 대왕은 훈민정음을 왜 만들었을까

훈민정음이란 '백성을 가르치는 바른 소리'라는 뜻이다. 한국 사람이라면 세종 대왕이 훈민정음, 즉 한글을 만들었다는 사실을 모르는 이가 없을 것이다. 그렇다면 왜 세종 대왕은 훈민정음을 만들었을까? 그 이유가 무엇인지 궁금하지 않은가?

당시 조선에는 조선만의 문자가 없었기 때문에 백성들은 중국의 글자인 한자를 빌려서 썼다. 그런데 백성들이 실제로 하는 말과 사용하던 글이 다른 데다가 한자는 어려워서 한자를 배우지 못한 일반 백성들은 아예 글을 읽고 쓸 수가 없었다. 한자를 모르는 백성들은 억울한 처지에 빠지기 일쑤였고 간단한 농사법조차 기록할 수 없었다. 이런 현실을 딱하게 여긴 세종 대왕은 백성들이 배우기 쉬운 글자를 만들 필요성을 느꼈다. 세종 대왕은 그 뜻을 다음과 같이 훈민정음 서문에 밝혔다.

나·랏:말ᄊᆞ·미 中듕國·귁·에 달·아 文문字·ᄍᆞᆼ·와·로
서르 ᄉᆞᄆᆞᆺ·디 아·니ᄒᆞᆯ·씨 ·이런 젼·ᄎᆞ·로 어·린 百·ᄇᆡᆨ
姓·셩·이 니르·고·져 ·ᄒᆞᇙ·배 이·셔·도 ᄆᆞ·ᄎᆞᆷ:내 제 ·ᄠᅳ·들
시·러 펴·디 :몯ᄒᆞᇙ ·노·미 하·니·라. ·내 ·이·ᄅᆞᆯ 爲·윙·ᄒᆞ·야
:어엿·비 너·겨 ·새·로 ·스·믈 여·듧字·ᄍᆞᆼ·ᄅᆞᆯ ᄆᆡᆼ·ᄀᆞ노·니
:사ᄅᆞᆷ:마·다 :ᄒᆡ·ᅇᅧ :수·ᄫᅵ 니·겨 ·날·로 ·ᄡᅮ·메 便뼌安
한·킈 ᄒᆞ·고·져 ᄒᆞᇙ ᄯᆞᄅᆞ·미니·라.

그 의미는 이러하다. '나라말이 중국과 달라서 문자로 서로 통하지 않으니 백성이 말하고 싶은 것이 있어도 뜻을 표현하지 못하는 사람이 많다. 이를 안타깝게 여겨서 새로 스물여덟 글자를 만드니 모든 사람들이 쉽게 익혀서 날마다 쓰는 데 편하게 하고자 할 따름이다.'

세종 대왕은 정음 28자를 새로 만들어서 예를 들어 보이고 명칭을 훈민정음이라고 했으며 지혜로운 사람은 아침나절이 지나기 전에 이 글자를 이해할 수 있고 어리석은 사람도 열흘 만에 배워서 알게 된다고 했다.

특히 주목할 점은 바로 한글의 독창성이다. 한글은 다른 문자에서 진화되거나 다른 문자를 빌려서 만든 글자가 아니라 당시 사람들이 쓰는 말을 분석하여 '소리에서 글자를 만들었다'는 특징이 있다. 예를 들면 자음인 어금닛소리(ㄱ,ㅋ,ㅇ), 혓소리(ㄷ,ㅌ,ㄴ), 입술소리(ㅂ,ㅍ,ㅁ), 잇소리(ㅈ,ㅊ,ㅅ), 목구멍소리(ㅎ)는 모두 발음 기관을 본떠서 만들어졌다. 세종 대왕은 소리를 내는 발성 기관인 목구멍에서부터 혀와 입의 모양까지 관찰한 것이다. 이렇게 해서 시각적으로뿐만 아니라 청각적으로도 글과 소리가 일치하는 문자가 만들어진 것이다. 여기에다가 하늘

훈민정음 처지 서문 익히다 명칭 지혜롭다 아침나절 어리석다
주목하다 진화되다 일치하다

을 상징하는 '·'와 땅을 상징하는 'ㅡ', 사람을 상징하는 'ㅣ'를 기본으로 이를 적절히 조합하여 모음을 만들었다. 그렇게 하여 만들어진 글자는 거의 모든 소리를 표기할 수 있다는 점에서 과학적이면서도 독창적이라는 평가를 받는다. 백성들이 쉽게 배울 수 있는 실용적인 글자로 탄생한 한글은 현대에 와서도 인류 역사상 가장 우수한 문자로 꼽히고 있다.

| 글자 | ㄱ | ㄴ | ㅅ | ㅁ | ㅇ |
|---|---|---|---|---|---|
| 본뜬 모양 | 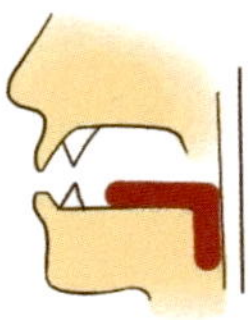 | 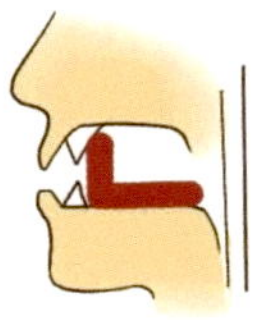 | 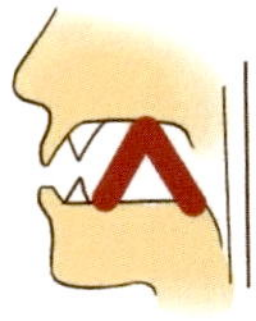 |  | 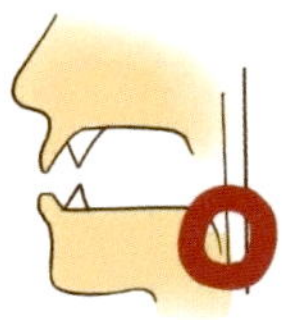 |
| 설명 | 혀뿌리가 목구멍을 막는 모양 | 혀끝이 윗잇몸에 붙는 모양 | 이의 뾰족한 모양 | 양 입술의 네모진 모양 | 목구멍의 둥근 모양 |

**1** 이 글을 쓴 목적은 무엇입니까? (　　)

① 배우기 쉬운 언어를 소개한다.
② 훈민정음의 과학성을 설명한다.
③ 한글과 중국어의 한자를 비교한다.
④ 훈민정음을 만든 이유를 알아본다.

**2** 이 글의 내용과 다른 것을 고르십시오. (　　)

① 한글은 과학적이고 독창적인 소리 문자이다.
② 한글을 배우는 데는 적어도 하루 이상 걸린다.
③ 세종 대왕이 직접 훈민정음이라는 이름을 붙였다.
④ 세종 대왕은 백성을 딱하게 여겨 한글을 만들었다.

상징하다　표기하다

**3** 이 글의 내용과 같으면 ○, 다르면 X 하십시오.

**1)** 조선 시대의 백성들은 모두 한자를 배워서 써야 했다. ( )

**2)** 한글의 자음과 모음으로 표현할 수 없는 소리는 거의 없다. ( )

**4** 훈민정음의 자음과 모음은 어떻게 만들었습니까? 표를 완성하십시오.

| | |
|---|---|
| 자음 | 1) |
| 모음 | 2) |

**III. 정리해 봅시다**

문자 이외에 의사소통을 하는 방법에는 무엇이 있습니까? 문자가 없다면 우리가 전하고 싶은 생각을 어떻게 표현할 수 있을지 이야기해 봅시다.

# 02과 언어와 생활

## 2. 변화하는 언어

MP3 / 04

• 학습 목표: 다양한 언어 생활에 대한 이야기를 듣고 이해할 수 있다.

Ⅰ. 준비해 봅시다

1 요즘 사람들이 많이 쓰는 신조어를 알고 있습니까? 여러분 나라에서는 어떤 말이 유행하고 있습니까?

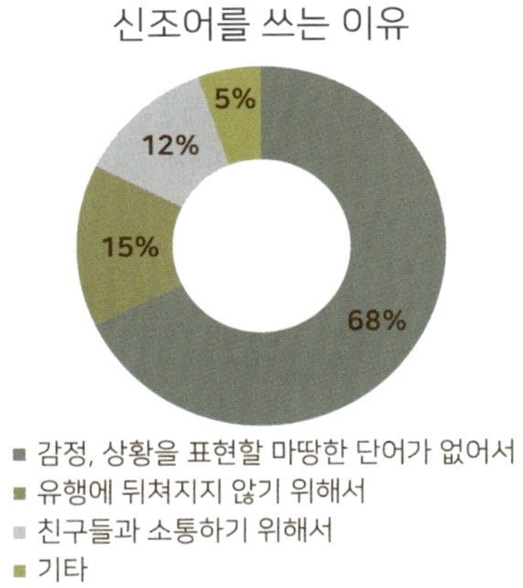

2 여러분은 언어가 변화한다고 생각합니까? 축약어나 신조어 등을 사용하는 현상에 대해서 어떻게 생각하는지 이야기해 봅시다.

> 언어는 끊임없이 변화하는데 언어의 변화는 그 언어를 사용하는 사람들의 태도에 따라서 달라지기도 한다. 사람들이 언어를 아끼고 사랑하면 그 언어는 더욱 바르고 품위 있는 언어로 발전한다. 그러나 사람들이 언어에 무관심하고 함부로 사용하면 그 언어는 오염되어 거칠어지고 품위를 잃게 될 것이다.

오염되다 거칠어지다

## Ⅱ. 들어 봅시다

[1] 듣고 질문에 답하십시오.

**1** 들은 내용과 <u>다른</u> 것을 고르십시오. (　　)

① 신조어를 쓰면 젊은이들의 감각을 공유할 수 있다.
② 젊은이들은 유행을 따르기 위해 신조어를 활용한다.
③ 은어나 유행어를 사용하는 것은 대부분 청소년들이다.
④ 신조어 사용에 대하여 부정적인 의견만 있는 것은 아니다.

[2~3] 듣고 질문에 답하십시오.

**2** 무엇에 대해서 이야기하고 있습니까? (　　)

① 외국어 남용의 실태
② 신조어 사용의 문제점
③ 해외의 한국어 배우기 열풍
④ 언어 사용에 영향을 미치는 방송 언어

**3** 신조어 사용에 대한 방청객들의 반응이 <u>아닌</u> 것을 고르십시오.

① 재미있어 한다.
② 걱정스러워 한다.
③ 자랑스러워 한다.
④ 사용해 보고 싶어 한다.

전유물　감성　소통　단절　우려하다

[4~6] 다시 듣고 질문에 답하십시오.

**4** 여자의 생각과 같은 것을 고르십시오. (　　)

① 한국의 현실이 실망스럽다.
② 한자어는 우리말로 순화시켜서 써야 한다.
③ 외국어를 남용하는 것은 바람직하지 않다.
④ 외국인 관광객을 위한 영어 안내는 필요하다.

**5** 들은 내용과 같으면 ○, 다르면 X 하십시오.

1) 시니어스 클럽은 경로당을 의미한다. (　　)
2) 광고물은 원칙적으로 한글과 외국 문자를 같이 써야 한다. (　　)
3) 남자는 방송이 언어생활에 가장 큰 영향을 끼친다고 본다. (　　)

**6** 이 프로그램에서는 이후 어떤 이야기를 하겠습니까? (　　)

① 외국어 남용 사례
② 제2 외국어의 인기 순위
③ 방송 언어의 의미와 역할
④ 정부 공문서의 문제점 조사 내용

측면　채택하다　경로당　공문서　광고물　순화시키다

## III. 정리해 봅시다

여러분은 어떤 언어 현상에 관심이 있습니까? 왜 그런 현상이 생긴다고 생각합니까?

- ☐ 맞춤법 파괴
- ☐ 축약어(줄임말) 사용
- ☐ 외래어 사용
- ☐ 신조어 사용
- ☐ 은어·비속어 사용
- ☐ 외국어 남용

MP3 / 05

다음 글을 읽고 질문에 답하십시오.

**쓸수록 헷갈리는 한글 맞춤법**

외국인에게 한국어를 공부하면서 무엇이 가장 어려운지 묻는다면 이구동성으로 맞춤법 제대로 쓰기라고 답할 것이다. 하지만 알고 보면 외국인뿐만 아니라 한국인 중에도 맞춤법이 골칫거리라고 생각하고 있는 이들이 꽤 많다. 어느 직장인은 부하 직원이 작성한 문서를 볼 때마다 맞춤법부터 다시 가르쳐야 하는 게 아닌가를 고민한다고 털어놓기도 한다.

하지만 실제로는 생각보다 맞춤법을 잘 쓰고 있는 이들이 많다. 정확하게 말하면 틀리는 맞춤법의 종류가 많지 않은데 문제는 동일한 종류의 맞춤법을 계속 틀리고 있다는 것이다. 가령, 문서에 10개의 오류가 있으면 그중 같은 유형은 서너 개로 좁혀진다.

'버틸려고 해 보았지만 소용없었다', '회의실로 갈려고 한다' 이 두 문장에서 '버틸려고, 갈려고'는 모두 잘못된 표기이다. 같은 소리를 함께 내면 발음이 편해지니까 'ㄹ'을 덧붙여 적으려고 하는 현상 때문에 자주 나타나는 오류이다. '내일 뵈요', '안 되요'도 맞춤법에 어긋난다. 국어의 동사나 형용사는 언제나 어미가 연결되어야 하는데 이 문장에는 어미가 없다는 공통된 오류가 있다.

사실은 반복해서 같은 실수를 하는 것인데 틀린 숫자만 보고 자신의 실력에 절망할 수 있다. 따라서 자신이 틀리는 맞춤법을 정리해 보고 그것들이 어떤 종류인지 알아야 한다. 내가 틀리는 맞춤법 유형이 어떤 것인지를 이해하는 것만으로도 상당수의 맞춤법 오류가 교정된다고 한다.

맞춤법을 많이 틀린다고 절망하고 있는 이에게 줄 위로가 있다. 내가 자주 틀리는 맞춤법 중 상당수는 다른 사람도 어려워한다는 것이다. 맞춤법의 원리에 접근해야겠다는 태도와 나에게만 어려운 것이 아니라는 자신감을 가지고 자신이 틀리는 맞춤법의 유형을 알아내면 더 정확한 한국어 사용자가 될 수 있다.

(출처: 김남미, 『100명 중 98명이 틀리는 한글 맞춤법 2』(일부 재구성))

1. 맞춤법 오류를 줄이기 위해서 무엇을 이해하는 것이 중요합니까?

2. 여러분이 자주 틀리는 맞춤법은 무엇입니까?

이구동성 골칫거리 털어놓다 가령 교정되다

문화

# 세종 대왕

세종 대왕은 조선 역사상 최고의 왕으로 일컬어지는 조선 제4대 왕이다. 태종의 셋째 아들인 세종은 어려서부터 독서와 공부를 좋아해서 한시도 손에서 책을 놓지 않았다고 한다. 스스로 연구하고 학문하기를 즐기는 왕이었다.

세종 대왕은 올바른 정치란 백성의 행복을 소중하게 여기는 것이라고 생각했다. 그는 과학, 농업, 의학, 음악 등의 분야에도 관심을 기울여서 백성들이 보다 나은 삶을 살 수 있도록 돕고자 했다. 해시계를 만들어서 백성들이 언제나 시간을 알 수 있게 하고 빗물의 양을 재는 측우기를 만들어서 가뭄이나 홍수에 대비하여 농사를 짓는 데 도움이 되도록 했다. 또한 조선의 실정에 맞는 농사법에 관한 책도 펴냈다. 백성을 아끼는 세종 대왕의 정치 철학이 여러 분야의 인재를 찾아서 백성에게 필요한 것들을 개발하고 발명하게 한 원동력이었다.

세종 대왕은 조선 시대의 찬란한 문화를 꽃 피우고 유교 정치의 발전을 이룬 것으로 높은 평가를 받는다. 학문을 크게 중시하는 풍토를 조성하여 많은 성과를 이루어 냈으며 이러한 성과들 중에 가장 빛나는 업적이 바로 훈민정음이다. 오늘날에도 한국인의 존경을 받는 세종 대왕은 지금 경기도 여주의 영릉에 묻혀 있다. 영릉의 정문에 들어서면 세종대왕역사문화관이 보이고 세종 대왕 동상과 재실이 차례로 관람객을 맞이한다. 이곳은 세종 대왕이 후손에게 남긴 훌륭한 업적들과 그 업적의 바탕이 된 애민 정신을 느낄 수 있는 다양한 볼거리와 즐길 거리로 꾸며져 있다.

1. 역사는 세종 대왕을 어떻게 평가합니까?

2. 여러분 나라에서 존경받는 인물은 누구입니까?

학문하다 실정 재실 업적

# 03과 음식과 문화

## 1. 음식 속의 과학

MP3 / 06

• 학습 목표: 세계 여러 나라의 발효 음식에 대한 이야기를 듣고 이해할 수 있다.

Ⅰ. 준비해 봅시다

**1** 이 음식들의 공통점은 무엇일까요? 이 중에서 여러분이 즐겨 먹는 음식이 있습니까?

**2** 여러분은 '썩다'와 '삭다'의 의미를 아십니까? 사전에서 두 단어를 찾아보고 구체적인 예를 들어서 두 단어의 차이를 설명하십시오.

'썩다'는 ______________________________는다는/ㄴ다는/다는 뜻입니다.
'삭다'는 ______________________________는다는/ㄴ다는/다는 뜻입니다.
'삭다'는 '________________되다'라는 단어와 바꾸어 쓸 수 있습니다.

썩은 음식은 먹을 수 없지만 삭은 음식, 발효된 음식은 먹을 수 있습니다. 음식이 발효 과정을 거치면서 건강에 좋은 영양 성분이 생기기 때문에 최근 들어 더욱 주목을 받고 있습니다.

II. 들어 봅시다

[1] 듣고 질문에 답하십시오.

**1** '김장 문화'가 유네스코 인류 무형 문화유산으로 등재된 이유는 무엇입니까?

---

[2~3] 듣고 질문에 답하십시오.

**2** 무엇에 대해서 이야기하고 있습니까? (　　)

① 발효 음식의 특징
② 미소와 된장의 장점
③ 한국의 김치와 김장 문화
④ 세계 여러 나라의 발효 음식

무형 문화유산　공동체　등재되다　수다　미식　허전하다　조미료

## 3 각 나라와 그 나라의 발효 음식을 맞게 연결하십시오.

| | | |
|---|---|---|
| 1) | 한국 • | • 미소 |
| 2) | 일본 • | • 김치 |
| 3) | 프랑스 • | • 느억맘 |
| 4) | 베트남 • | • 브리 치즈 |

### [4~6] 다시 듣고 질문에 답하십시오.

## 4 들은 내용과 다른 것을 고르십시오. (     )

① 느억맘은 한국의 액젓과 비슷하다.
② 미소와 된장은 만드는 방법이 거의 비슷하다.
③ 미소는 암의 발병률을 감소시키는 효과가 있다.
④ 느억맘과 와인은 지역마다 맛이 조금씩 다르다.

## 5 들은 내용과 같으면 ○, 다르면 X 하십시오.

1) 이 프로그램에 참가한 외국인들은 김치에 대해서 잘 알지 못한다. (     )
2) 여러 나라 사람들이 일상생활에서 발효 음식을 즐겨 먹고 있다. (     )
3) 느억맘은 작은 생선에 소금을 넣어서 만든다. (     )

## 6 발효 음식은 발효 과정을 거치면서 어떤 결과가 생깁니까? 두 가지를 쓰십시오.

1) ______________________

2) ______________________

감칠맛 액젓 담백하다 누룩 발병률 폐암 유방암 유익하다

## Ⅲ. 정리해 봅시다

여러분 나라에서 즐겨 먹는 발효 음식은 무엇입니까? 그 음식의 재료, 맛, 특징에 대해서 이야기해 봅시다.

러시아의 케피르

한국의 막걸리

인도네시아의 템페

# 03과 음식과 문화

## 2. 특색 있는 향토 음식

MP3 / 07

• 학습 목표: 향토 음식에 대한 글을 읽고 이해할 수 있다.

Ⅰ. 준비해 봅시다

1 여러분 나라에서는 어느 지역의 향토 음식이 인기가 있습니까? 사람들이 그 지역의 향토 음식을 선호하는 이유는 무엇입니까?

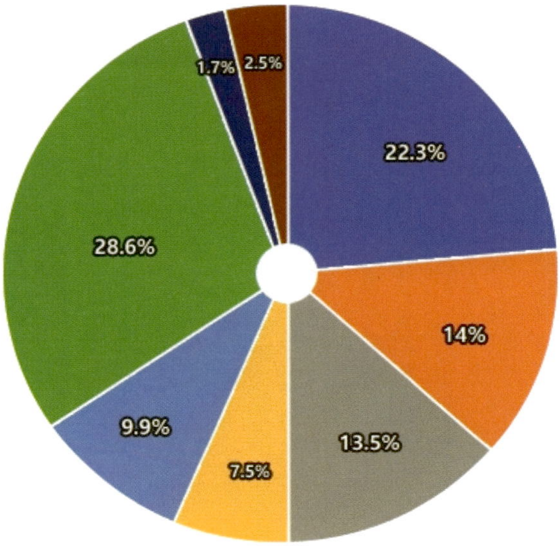


2 여러분은 한국을 여행하면서 그 지역의 향토 음식을 먹어 본 적이 있습니까? 향토 음식은 서울의 음식과 어떤 차이가 있었습니까?

막국수는 닭갈비와 함께 춘천의 대표적인 향토 음식 중 하나입니다. 조선 시대에 강원도 지역에 흉년이 들어서 식량이 부족해지자 나라에서 대표적인 구황 작물인 메밀을 산과 들에 심게 했다고 합니다. 끼니를 때우기 어려웠던 시절에 메밀로 막국수를 해 먹던 전통이 현재까지 내려온 것입니다. 막국수라는 이름은 '막(바로 지금) 만들어서 먹는 국수'에서 유래되었다고 합니다.

흉년　구황 작물　유래되다

II. 읽어 봅시다

다음을 읽고 질문에 답하십시오.

### <제주도를 방문하는 외국인 관광객의 향토 음식 선호도 조사>

안녕하십니까? 먼저 바쁘신 중에도 귀한 시간을 내어 본 설문 조사에 응해 주셔서 진심으로 감사드립니다. 본 설문지는 '제주도를 방문하는 외국인 관광객의 향토 음식 선호도'를 조사하기 위해서 만들어졌습니다. 여러분께서 응답하신 모든 내용은 학술적인 목적의 통계 자료로만 활용될 것임을 약속드립니다. 여러분의 의견은 본 연구에 귀중한 자료로 사용되니 정확하게 답해 주시기 바랍니다. 협조에 다시 한번 감사드립니다.

[1] 기본 조사

1. 성별 ① 남 ② 여
2. 연령 ① 20세 미만 ② 20-29세 ③ 30-39세 ④ 40-49세 ⑤ 50-59세 ⑥ 60세 이상
3. 국적 (                    )
4. 최종 학력 ① 고등학교 이하 ② 고등학교 졸업 ③ 대학교 재학 ④ 대학교 졸업 ⑤ 대학원 졸업
5. 월 소득 ① 2000만 원 미만 ② 3000-4000만 원 ③ 5000-6000만 원 ④ 7000만 원 이상
6. 직업 ① 학생 ② 사무/관리직 ③ 판매/서비스 ④ 기술/기능직 ⑤ 노무직 ⑥ 전문직 ⑦ 자영업 ⑧ 공무원 ⑨ 주부 ⑩ 무직 ⑪ 기타 (      )

[2] 제주도 관광에 관한 질문

1. 이번 여행은 한국에 몇 번째 온 것입니까?
   ① 처음 ② 두 번째 ③ 세 번째 ④ 네 번째 ⑤ 다섯 번 이상
2. 이번 여행은 제주도에 몇 번째 온 것입니까?
   ① 처음 ② 두 번째 ③ 세 번째 ④ 네 번째 ⑤ 다섯 번 이상
3. 이번 여행의 1인당 여행 경비는 얼마입니까?
   ① 10-20만 원대 ② 30-40만 원대 ③ 50-60만 원대 ④ 70-90만 원대 ⑤ 100만 원 이상
4. 이번 여행 경비 중에서 식사비가 차지하는 비율은 어느 정도입니까?
   ① 10% 이하 ② 11-20% ③ 21-30% ④ 31-40% ⑤ 41-50% ⑥ 50% 이상
5. 제주도를 방문한 목적은 무엇입니까?
   ① 관광 및 휴가 ② 친구 및 친지 방문 ③ 업무 출장 ④ 교육 및 연수 ⑤ 기타 (      )
6. 이번 여행에서 제주도에 체류한 기간은 얼마나 됩니까?
   ① 1박-2박 ② 3박-4박 ③ 5박-6박 ④ 일주일 이상 ⑤ 기타 (      )
7. 제주도를 재방문할 생각이 있습니까?
   ① 예 ② 아니요 ③ 모르겠다
8. 제주도 여행 시 선호하는 활동은 무엇입니까?
   ① 쇼핑 ② 체험 ③ 음식 ④ 휴양

선호도 통계 활용 귀중하다 협조 소득 관리직 기능직 노무직 자영업

[3] 제주도 향토 음식에 관한 질문

1. 돔베고기

2. 고기국수

3. 흑돼지구이

4. 갈칫국

5. 해물뚝배기

1. 위의 제주도 향토 음식에 대해서 인지도, 먹어 본 경험, 기호도를 표시해 주십시오.

| 이름 | 인지도 (○, X) | 먹은 경험 (○, X) | 기호도 | | | | |
|---|---|---|---|---|---|---|---|
| | | | 매우 좋아한다 | 좋아한다 | 보통 | 싫어한다 | 매우 싫어한다 |
| | | | 5 | 4 | 3 | 2 | 1 |
| **1** 돔베고기 | | | | | | | |
| **2** 고기국수 | | | | | | | |
| **3** 흑돼지구이 | | | | | | | |
| **4** 갈칫국 | | | | | | | |
| **5** 해물뚝배기 | | | | | | | |

2. 제주도의 향토 음식에 관심이 있습니까?
   ① 관심이 매우 크다 ② 관심이 크다 ③ 보통이다 ④ 관심이 없다 ⑤ 관심이 전혀 없다

3. 제주도의 향토 음식을 어떻게 알게 됐습니까?
   ① 친구 추천 ② 인터넷 ③ 개인 가이드 추천 ④ 여행사 ⑤ 안내 서적

4. 제주도의 향토 음식을 먹을 때 그 음식에 대한 설명이 필요하다고 생각하십니까?
   ① 필요하다 ② 필요하지 않다 ③ 모르겠다

5. 제주도의 향토 음식에 대한 홍보가 필요하다고 생각하십니까?
   ① 필요하다 ② 필요하지 않다 ③ 모르겠다

(출처: 오요, 고양숙, 『제주 향토 음식 인지도 및 기호도 실태 조사』(일부 재구성))

친지 체류하다 기호도 서적 매체

**1** 이 설문 조사의 목적은 무엇입니까? (　　)

① 외국인 관광객의 제주도 여행 목적 조사
② 외국인 관광객의 제주도 여행 경비 조사
③ 외국인 관광객의 제주도 선호 여행지 조사
④ 외국인 관광객의 제주도 음식 선호도 조사

**2** 기본 조사에서 질문하지 않은 것은 무엇입니까? (　　)

① 성별　② 취미　③ 국적　④ 연령

**3** 여행 경비가 50만 원인데 식비가 10만원이라면 [2]의 4번 질문에 어떻게 응답해야 합니까? (　　)

① 10%이하　② 11-20%　③ 21-30%　④ 31-40%

**4** 이 설문 조사에서 실시한 제주도 향토 음식에 관한 질문 내용을 모두 고르십시오.

☐ 음식의 인지도　☐ 음식의 가격　☐ 음식 홍보 방법
☐ 음식을 알게 된 경로　☐ 유명 향토 음식점　☐ 음식의 선호도

**III. 정리해 봅시다**

여러분 나라에는 지역의 이름을 딴 향토 음식이 있습니까? 한국의 여러 향토 음식 중에서 먹어 보고 싶은 음식이 있습니까?

풍천 장어

전주 비빔밥

안동 찜닭

충무 김밥

# 04과 건강과 운동

## 1. 인체와 질병

MP3 / 08

• 학습 목표: 질병의 증세와 예방에 대한 이야기를 듣고 이해할 수 있다.

### Ⅰ. 준비해 봅시다

**1** 여러분 나라에서 최근 가장 많이 발생하는 암은 무엇입니까? 암 발병률이 높아지는 이유는 무엇일까요?

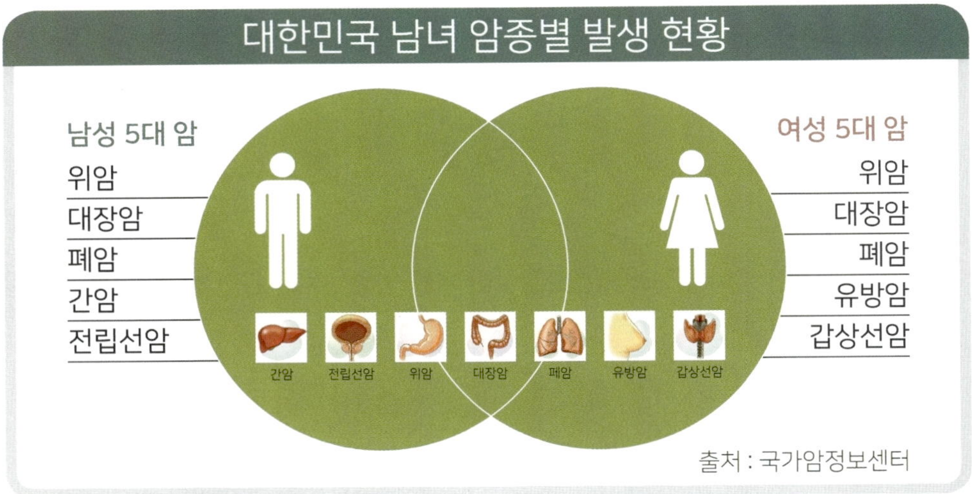


**2** 식습관과 건강은 어떤 관계가 있습니까? 식습관 이외에 무엇이 건강에 영향을 미친다고 생각합니까?

음식을 충분히 소화해 내는 사람에게는 불치병이 없다.
- 인도 속담

입을 조심해라, 병은 그곳으로 들어가는 법이다.
- 영국 속담

건강과 과식은 동행하지 않는다.
- 포르투갈 속담

암　식습관　불치병

## II. 들어 봅시다

### [1] 다음을 듣고 질문에 답하십시오.

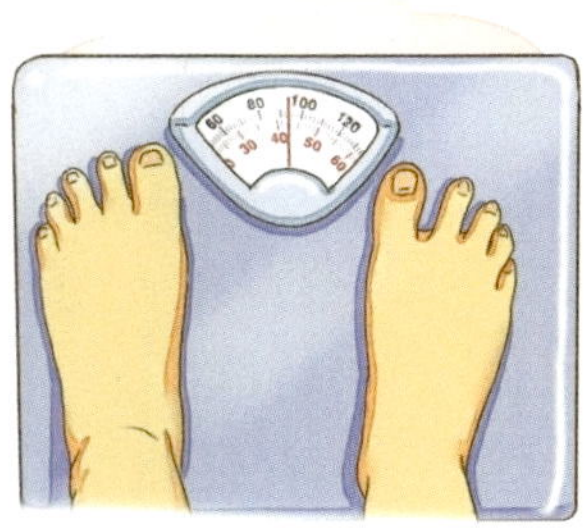

**1** '비만'에 대한 설명으로 맞지 않는 것을 고르십시오. (　　)

① 비만은 스트레스와도 관련이 있다.
② 비만은 호르몬에는 영향을 주지 않는다.
③ 비만이 되면 혈액 속에 지방 성분이 많아진다.
④ 비만이 되면 고혈압이나 당뇨병에 걸릴 위험이 높다.

### [2~3] 듣고 질문에 답하십시오.

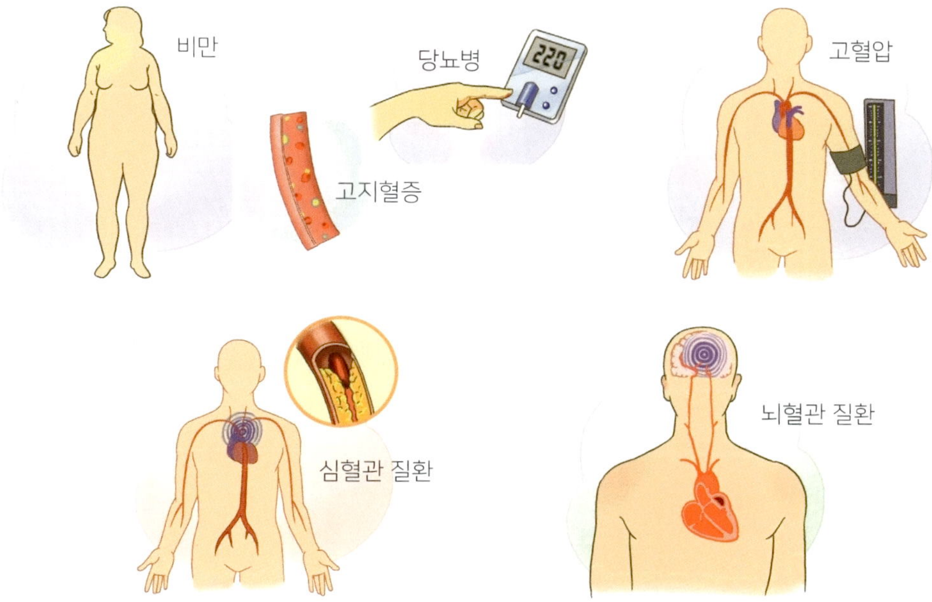


질병　증세　염분　복부 비만　당뇨병　고지혈증　심혈관　뇌혈관

**2** 무엇에 대한 이야기입니까? (　　)

❶ 건강을 지키는 운동 방법
❷ 복부 비만의 자가 진단 방법
❸ 대사 증후군의 의미와 예방법
❹ 암을 예방하는 올바른 식습관

**3** 대사 증후군의 설명으로 맞지 않는 것을 고르십시오. (　　)

❶ 뇌졸중, 심장병 같은 질환의 원인이 된다.
❷ 심혈관 질환이 발생할 확률을 2배 이상 증가시킨다.
❸ 서구적인 식습관과 운동 부족으로 현대인들에게 많이 나타난다.
❹ 초기에는 증상이 크게 나타나지 않기 때문에 별로 위험하지 않다.

**[4~6] 다시 듣고 질문에 답하십시오.**

**4** 김 박사가 추천한 운동법으로 맞는 것을 고르십시오. (　　)

❶ 테니스나 농구같이 땀이 많이 나는 운동이 효과적이다.
❷ 일주일에 3회 이상, 30분 이상 운동을 하는 것이 좋다.
❸ 걷기나 계단 오르기 같은 생활 속 운동은 효과가 별로 없다.
❹ 비만 환자들은 노약자들보다 운동을 더 많이 하는 것이 좋다.

**5** 김 박사가 추천한 올바른 식습관에 대해서 정리하십시오.

| 피해야 할 음식 |
| --- |
| **1)** ______________ 이/가 높고 **2)** ______________ 인 음식 |
| **3)** ______________ , 흰쌀, **4)** ______________ 이/가 많이 든 음식 |

| 도움이 되는 음식 |
| --- |
| 비타민과 **5)** ______________ 이/가 풍부한 음식 |
| **6)** ______________ 위주의 식단 |

**6** 대사 증후군을 초기에 발견했을 때 치료할 수 있는 방법은 무엇입니까? 두 가지를 쓰십시오.

1) ____________________ 2) ____________________

**III. 정리해 봅시다**

여러분은 암과 같은 질병을 예방할 수 있다고 생각합니까? 질병을 예방하기 위해서 일상생활에서 우리가 실천할 수 있는 일에는 무엇이 있습니까?

진단 혈당 허리둘레 적합하다 햇볕을 쬐다

# 04과 건강과 운동

## 2. 현대인과 운동

MP3 / 09

• 학습 목표: 운동이 현대인에게 끼치는 영향에 대한 글을 읽고 이해할 수 있다.

Ⅰ. 준비해 봅시다

1 운동이 건강에 어떤 영향을 끼친다고 생각합니까? 여러분은 건강을 위해서 무슨 운동을 하고 있습니까?

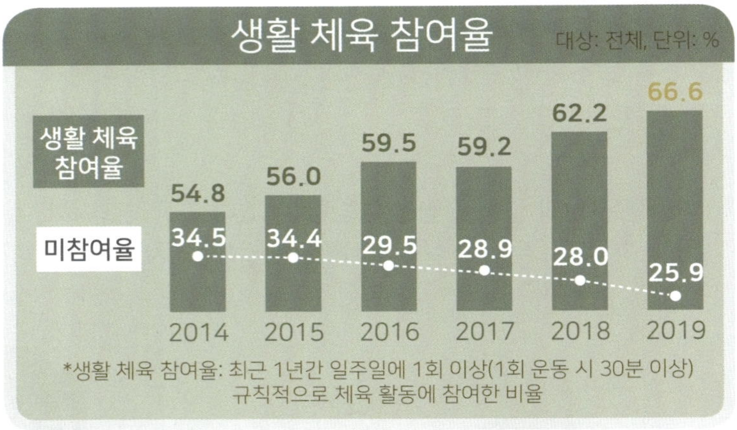


2 여러분에게 운동이 필요하다고 생각합니까? 자신에게 어떤 운동이 맞는다고 생각합니까?

운동은 하루를 짧게 하지만 인생을 길게 해 준다.
- 다니엘 W. 조스린(작가)

걷기는 최고의 운동이다. 멀리 걷기를 습관화하라.
- 토마스 재퍼슨(정치인)

운동을 할 시간이 없다고 말하는 사람은 조만간 병원에 가야 할 시간이 찾아올 것이다.
- 에드워드 조지 스미스 스탠리(정치인)

건강한 신체에 건강한 정신이 깃든다.
- 데키무스 유니우스 유베날리스(시인)

II. 읽어 봅시다

다음 글을 읽고 질문에 답하십시오.

### 운동과 스트레스

운동이 스트레스 해소에 기여할 수 있을까? 운동을 어떻게 하면 스트레스를 효과적으로 해소할 수 있을까? 이러한 물음에 답하기 위해서 운동이 스트레스 해소에 미치는 효과를 살펴보려고 한다.

운동은 스트레스 해소에 도움이 된다. 이런 운동의 가장 직접적인 효과는 일상생활에서 벗어나서 다른 환경에서 신체 활동을 할 때 나타나는데 신체 활동을 하면서 에너지를 발산시키면 인간의 기본적인 욕구인 활동 욕구를 채울 수 있고 심신의 정화도 경험할 수 있기 때문이다. 좀 더 구체적으로 설명하면 운동을 할 때 우리 몸 안의 혈액은 더욱 활발하게 신체 각 부위에 산소를 전달하고 신체 각 부위에서 생성되는 노폐물도 더욱 잘 배출되는 등 신진대사가 원활하게 이루어진다. 이를 통해서 우리는 심신의 상쾌함을 느끼게 된다. 또한 운동 후에는 신체적인 피로감 때문에 휴식이 필요한 상태가 된다. 이러한 신체적인 피로감은 불안이나 스트레스 등 정신적인 피로로 인한 불면증을 해결하는 데에 좋은 방안이 된다.

또한 운동을 할 때에는 자신의 움직임뿐만 아니라 외부 환경의 변화에 주의를 집중해야 하기 때문에 항상 머리에 남아서 자신을 괴롭히는 문제에서 잠시 벗어날 수 있다. 예를 들어 테니스를 칠 때 우리는 상대방의 위치와 움직임을 보면서 날아오는 공의 방향과 속도를 파악하고 어느 방향으로 어떻게 공을 칠 것인가를 생각하며 자신의 움직임에 신경을 쓴다. 이러한 순간에는 일상생활의 갈등 상황과 괴로운 일에 대해서 생각할 여유가 없다. 인간의 갈등은 두 가지 이상의 문제에 동시에 신경을 써야 할 때 발생하기 때문에 오직 한 가지 일에만 주의를 집중할 때에는 번민하지 않게 되고 그 순간에 우리의 머리는 맑아지게 되는 것이다. 마치 숨 막히는 도시를 벗어나서 산이나 바다에서 시원한 기분을 느끼듯이 운동을 하면서도 그런 기분을 느끼게 된다.

한편 운동을 할수록 체력이 강해지는데 이것은 바로 운동의 간접적인 효과이다. 체력이 강하다는 것은 신체가 외부의 강한 자극에도 견딜 수 있는 능력이 있다는 것을 뜻하는데 장기간의 규칙적인 운동을 통해 체력이 강해지면 스트레스로 인해 나타날 수 있는 여러 가지 질병의 발생을 억제할 수 있는 저항력이 커지게 된다.

또한 오랫동안 운동을 하게 되면 신체 의식이 증진되는데 이 역시 운동의 간접적인 효과 중 하나이다. 장기간의 운동 경험은 신체 각 부위의 상태 변화와 움직임에 대한 감각을 향상시킬 수 있게 되고 이러한 감각을 바탕으로 신체의 상태를 섬세하게 느낄 수 있는 신체 의식이 증진된다. 따라서 자신의 컨디션에 조금이라도 이상이 생길 경우 이것을 곧바로 느끼게 되고 신체의 정상적인 회복을 위해서 어떤 조치를 취할 수 있기 때문에 신체의 상태가 악화되는 것을 예방할 수 있게 된다. 이것은 운항 중인 배나 비행기가 항로에서 이탈하는 경우 가능한 한 빨리 이를 알고 항로를 제대로 잡아 사고의 위험을 줄이는 것과 같다.

해소　발산시키다　신진대사　원활하다　불면증　번민하다　숨 막히다

하지만 운동을 하다가 보면 긍정적인 효과뿐만 아니라 부정적인 영향이 나타날 수도 있다. 운동은 정신적, 신체적 긴장을 동반하는 활발한 신체 활동이다. 이러한 극심한 긴장을 가지고 어떤 목표를 달성하려고 하는 것이기 때문에 모든 운동은 그 자체로 스트레스 요인이 된다. 보통 운동 후에는 체력이 많이 소모되어서 일시적으로 저항력이 약화된 상태가 되지만 충분한 휴식을 취하고 회복될 때에는 운동이 긍정적인 영향을 미친다. 그러나 과도한 운동을 하거나 운동 후에 영양이나 휴식이 충분하지 못해서 원상태를 완전히 회복하지 못할 경우에는 부정적인 영향을 미친다. 또한 운동의 결과에 의해서도 부정적인 스트레스가 유발될 수 있다. 예를 들어 달리기나 수영에서 몇 미터를 몇 분에 혹은 어느 정도의 속도로 몇 분 동안 하겠다는 구체적인 목표를 가지고 운동을 하게 되면 정해 놓은 목표를 달성하지 못할 경우 새로운 부정적인 스트레스가 생길 수 있다. 특히 시합과 같이 다른 사람과 비교가 되는 경쟁에서 패배했을 때에도 열등감으로 인해 부정적 스트레스가 생길 가능성이 크다. 따라서 이러한 스트레스에 효율적으로 대처하기 위해서는 앞에서 살펴본 긍정적인 효과가 최대로 나타나게 하면서도 부정적인 영향이 최소화되도록 주의해야 한다.

(출처: 구애모·정도언, 『스트레스와 운동』, 『스포츠과학』(일부 재구성))

**1** 이 글의 중심 내용은 무엇입니까? (　　)

① 원활한 신진대사를 위한 방법
② 스트레스 관리를 위한 운동법
③ 운동이 스트레스 해소에 미치는 영향
④ 스트레스가 현대인에게 끼치는 부작용

**2** 스트레스 해소를 위한 운동의 직접적인 효과가 아닌 것을 고르십시오. (　　)

① 신체 활동을 하면서 에너지를 발산시킬 수 있다.
② 질병의 발생을 억제할 수 있는 신체 능력이 커지게 된다.
③ 정신적인 피로 때문에 생기는 불면 증세를 해결할 수 있다.
④ 원활한 신진대사가 이루어져 심신의 정화를 경험할 수 있다.

저항력　증진되다　패배하다　열등감　대처하다

**3** 운동의 간접적인 효과에 대해서 정리하십시오.

**운동을 할수록 체력이 강해진다.**

운동을 하면 신체가 외부의 강한 자극에도 견딜 수 있는 능력이 생기는데 체력이 강해지면 스트레스로 인해 나타날 수 있는 **1)** ______________________

______________________

**운동을 할수록 신체 의식이 증진된다.**

오랫동안 운동을 하면 자신의 컨디션에 조금이라도 이상이 생길 경우 이것을 곧바로 느끼게 되고 신체의 정상적인 회복을 위해서 어떤 조치를 취할 수 있기 때문에 **2)** ______________________

______________________

**4** 운동의 부정적인 영향에 대한 설명으로 맞지 않는 것을 고르십시오. (　　)

① 정해 놓은 목표를 달성하지 못할 경우 부정적인 스트레스가 생긴다.
② 일상생활과 다른 환경에서 운동을 하기 때문에 심한 스트레스를 받는다.
③ 과도한 운동을 한 후 휴식이 충분하지 않으면 부정적인 영향이 나타난다.
④ 다른 사람과 경쟁하는 운동 시합에서 졌을 때에 부정적인 스트레스를 받는다.

**III. 정리해 봅시다**

여러분은 운동이 스트레스 해소에 도움이 된다고 생각하십니까? 긍정적인 효과를 얻기 위한 운동 방법에는 무엇이 있을까요?

# 복습

MP3 / 10

다음 이야기를 듣고 질문에 답하십시오.

1. 표를 완성하십시오.

| 제주도를 방문하는 외국인 관광객의 제주도 향토 음식에 대한 선호도 조사 결과 | | |
|---|---|---|
| 조사 동기 | 제주도는 1) ______이라는/라는 특수성을 가지고 있어서 서울이나 다른 도시와는 구별되는 2) ______는/은/ㄴ 음식 문화를 지니고 있기 때문에 조사를 실시함. | |
| 조사 대상 | 제주도를 방문한 외국인 관광객 3) ______명 | |
| 조사 방법 | 4) ______ 조사 실시 | |
| 조사 기간 | 7월 1일~ 5) ___월 ___일 | |
| 조사 장소 | 제주도 공항 및 제주도 6) ______ | |
| 성별 분포 | 남성 26.1% | 여성 7) ______% |
| 국적별 분포 | | |
| 중국 8) ______%, 대만 5.6%, 일본 5.4%, 말레이시아 4.4%, 태국 3.4% | | |
| 가장 선호하는 제주도 향토 음식 | | |
| 9) ______ | | |
| 제주도 향토 음식에 대해서 알게 된 경로 | 10) ______ | |

| 결론 |
|---|
| 제주도의 향토 음식 중 일부 음식을 제외하고는 대부분 인지도가 낮지만 11) ______ ______ |
| **의견** |
| 인터넷뿐만 아니라 안내 서적이나 홍보 책자 등의 배포 등을 통하여 적극적으로 홍보한다면 12) ______을/ㄹ 거라고 생각함. 제주도 향토 음식을 즐길 수 있는 관광 코스를 개발한다거나 제주도 향토 음식 체험관 등을 설치한다면 제주도는 경관뿐만 아니라 식도락도 즐길 수 있는 세계적인 관광 도시가 될 수 있을 것임. |

동기 각광 대면 제외하다 체험관 배포 경관 식도락

문화

# 한국의 발효주 '막걸리'

비가 오면 한국 사람들이 가장 많이 떠올리는 음식은 무엇일까요? 정답은 바로 파전과 막걸리입니다. 겉은 바삭하고 속은 촉촉한 파전과 달콤하면서도 시큼한 막걸리 한 잔은 비 오는 날 한국 사람들이 즐겨 찾는 단골 메뉴입니다.

막걸리는 찹쌀이나 멥쌀, 보리, 밀가루 등과 같은 곡물에 누룩과 물을 섞어 발효시켜서 만듭니다. 술이 익으면 위에 맑게 뜨는 술이 맑은 술, 청주입니다. 청주처럼 맑게 거르는 과정을 거치지 않고 막 걸러서 마신다고 해서 막걸리라는 이름이 붙여졌다고 합니다.

막걸리를 부르는 명칭도 다양합니다. 술이 맑지 않고 탁해서 탁주, 농부들이 즐겨 마셨다고 해서 농주, 색이 하얗다고 해서 백주, 청주처럼 맑게 거르지 않아 술 위에 밥이 동동 떠 있다고 해서 동동주라고 부르기도 합니다.

과거에는 주로 아저씨들이 마시는 술, 촌스러운 술이라는 이미지로 외면을 받다가 요즘 웰빙 열풍이 불면서 막걸리는 한국 젊은이들뿐만 아니라 외국인 사이에서도 큰 인기를 얻고 있습니다. 그 이유는 바로 막걸리의 효능 때문입니다.

막걸리의 성분 중 80퍼센트는 물이지만 10퍼센트 내외를 차지하는 것은 바로 식이 섬유입니다. 식이 섬유는 변비를 예방하고 다이어트에도 도움을 줄뿐더러 혈관을 청소해서 심혈관 질환을 예방하는 역할을 해 줍니다. 또한 막걸리 한 병에는 대략 700~800억 개의 유산균이 들어 있습니다. 유산균은 장을 청소하고 염증을 발생시키는 유해 세균을 없애 주며 면역력 강화에 도움이 된다고 알려져 있습니다.

하지만 막걸리의 효능이 아무리 좋다고 해도 알코올 도수가 6% 정도나 되는 술이라는 사실을 잊지 말아야겠습니다. 비 오는 날의 정취를 즐기는 것은 좋지만 지나친 음주는 건강을 해칠 수 있습니다.

1. '막걸리'라는 이름이 어떻게 붙여졌습니까?

2. 여러분 나라에도 막걸리와 같은 발효주가 있습니까? 어떤 효능이 있습니까?

시큼하다　증류　탁하다　식이 섬유　혈관　면역력　유산균　정취

# 05과 과학과 인간

## 1. 생활과 과학

MP3 / 11

• 학습 목표: 인공 지능의 발달에 대한 글을 읽고 이해할 수 있다.

Ⅰ. 준비해 봅시다

1 여러분은 로봇을 이용해 본 경험이 있습니까? 앞으로 어떤 로봇이 개발되면 좋겠습니까?

2 과학의 발달은 우리에게 어떤 혜택을 주고 있습니까? 우리가 과학을 지혜롭게 이용할 수 있는 방법은 무엇일까요?

> 과학과 지혜는 별개다. 과학은 날이 선 도구여서
> 어린아이처럼 가지고 놀다가는 자신의 손가락을 벨 수도 있다.
> - 아서 에딩턴(천문학자)
>
> 위험을 피하려면 최악의 사태를 항상 대비해 두어야 한다.
> - 발타사르 그라시안(작가)

별개　베다

II. 읽어 봅시다

다음 글을 읽고 질문에 답하십시오.

### 기계가 인간보다 더 똑똑해지면

서기 2035년, 인간은 지능을 갖춘 로봇을 하인처럼 부리며 살아간다. 그런데 이 로봇들, 참으로 대단하다. 일단 시키는 일은 무엇이든 다 한다. 잠도 안 자고 24시간 내내 일을 한다. 힘은 또 어떠한가? 성인 남자 몇 명이 할 일을 로봇 한 대가 혼자서 쉽게 해낸다. 가장 마음에 드는 점은 인간의 명령에 절대 토를 달거나 불평하지 않는다는 것이다. (중략)

사실 인공 지능이라는 용어는 1956년에 처음 나왔다. 하지만 당시에는 인간 프로그래머가 사전에 입력한 명령을 인공 지능이 기계적으로 처리하는 수준이었다. 그 후에도 첨단 인공 지능 기술이 적용되었다고 요란스럽게 광고했던 세탁기나 청소기를 접했을 때 그 '참을 수 없는' 낮은 지능에 안쓰러운 기분이 들 정도였다. 공장에서도 로봇은 단순 작업을 지겹도록 반복할 뿐 인간의 상황 인식과 판단 능력을 대신하기에는 한참 모자란 수준이었다.

하지만 최근에는 과거와 전혀 다른 패러다임급 변화가 계속되고 있다. 인간의 인지·학습·판단 능력을 재현하는 분야에서 '빅 데이터(big data)'와 '딥 러닝(deep learning)'의 결합이 가져온 성과 때문이다. 이제 기계가 마치 인간의 아기처럼 지식을 스스로 학습하는 기계 학습이 가능해질 전망이다. 일례로 아이비엠(IBM)이 개발한 인공 지능 슈퍼컴퓨터 '왓슨(Watson)'은 퀴즈 대회에서 인간 챔피언들을 굴복시킨 바 있고 구글(Google)의 무인 자동차는 사람의 조작 없이 실제 도로를 안전하게 주행하고 있다.

아마도 2040~2050년경에는 인공 지능의 수준이 지금과는 비교할 수 없을 만큼 발전해 있을 것이다. 처음에는 간신히 쥐를 웃도는 수준의 두뇌이겠지만 점차 침팬지와 보통 인간을 거쳐 급기야 아인슈타인의 수준을 넘어설 것이 분명하다. 인간 두뇌의 신경 세포는 1초에 200번 반응하는 속도(200hz)인데 오늘날 트랜지스터(반도체를 세 겹으로 접합해 만든 전자 회로 구성 요소)만 해도 기가헤르츠(ghz)의 속도로 작동한다. 신경 세포의 신호는 최대 초속 100m로 천천히 전달되지만 컴퓨터 신호는 빛의 속도(초속 30만 km)로 이동할 수 있다. 인간의 뇌는 두개골 안에 들어가야 하지만 컴퓨터는 창고 크기만큼 확장될 수 있다. 따라서 슈퍼 인공 지능은 우리가 생각하는 것보다 훨씬 더 빨리, 훨씬 더 놀라운 성능으로 우리 앞에 등장할 것이다.

그런데 이때부터가 문제다. 인공 지능이 일단 인간의 두뇌 수준을 넘어서게 되면 그다음은 인간이 감당하지 못할 속도로 초고속 성장을 하게 될 것이 분명하다. 마치 인간이 25만 년 전 침팬지로부터 갈라져 나오자마자 침팬지는 도저히 상상할 수 없는 속도로 기술을 발전시켰듯이 말이다. 그런데 인간보다 더 똑똑해진 인공 지능을 인간이 과연 통제할 수 있을까?

아무도 자신 있게 말할 수 없다. 인간이 인공 지능을 만들었다고 해서 인공 지능이 영원히

토를 달다　첨단　인지　굴복시키다　주행하다　웃돌다　세포

인간의 손아귀에 있으리라는 법은 없다. 인공 지능이 조만간 인간의 가치에 봉사하기보다 그 스스로의 가치를 실현하려고 할 위험성은 충분히 커 보인다.

천재 물리학자 스티븐 호킹(Stephen Hawking) 박사는 "인공 지능이 인류의 종말을 가져올 수도 있다."라고 경고한 바 있다. 어쩌면 인간은 지금 판도라의 상자를 만지작거리는 중인지도 모른다. 그리고 인공 지능은 인간의 머리로는 도저히 상상할 수 없는 고도로 '인공적'이고 또 '지능적'인 재앙을 준비하고 있는지도 모른다.

그런데 이미 전화번호도 다 까먹고 길 찾는 법도 잊어버린 마당에 지능까지 기계에 의탁하게 되면 인간에게는 도대체 무엇이 남게 되는 걸까?

(출처: 박용삼, 『테드, 미래를 보는 눈』(일부 재구성))

**1** 이 글을 쓴 목적은 무엇입니까? (　　)

① 인공 지능 로봇의 성능을 설명하려고
② 인공 지능 로봇의 개발을 반대하려고
③ 인공 지능 발달의 위험성을 알리려고
④ 인공 지능 발달의 역사를 보여 주려고

**2** 이 글의 내용과 다른 것을 고르십시오. (　　)

① 인공 지능이 고도로 발달하면 인간의 명령에 잘 굴복할 것이다.
② 인공 지능은 인간이 통제할 수 없을 만큼 빠르게 성장할 것이다.
③ 인공 지능은 '빅 데이터'와 '딥 러닝'으로 판단 능력을 갖게 됐다.
④ 초기의 인공 지능은 단순한 작업만 기계적으로 반복할 수 있었다.

성능　도저히　실현하다　종말　의탁하다

**3** 인공 지능이 인간 두뇌의 수준을 넘어설 수 있다고 생각하는 두 가지 이유는 무엇입니까? 이 글에서 찾아서 정리하십시오.

**1)** 컴퓨터가 인간 두뇌의 신경 세포보다 ____________ 과/와 ____________ 이/가 빠르기 때문에

**2)** 인간의 뇌는 ____________ 안에 들어가야 하지만 컴퓨터는 ____________
____________

**4** 이 글을 읽고 하는 말로 <u>옳지 않은</u> 것은 무엇입니까? (　　)

① "무인 자동차에도 인공 지능 기술이 적용됐구나."
② "인공 지능이 발달하면 좋을 줄만 알았는데 무섭네."
③ "나는 오늘부터 전화번호라도 외우려고 노력할 거야."
④ "인공 지능이 인간의 아기보다 똑똑한 줄 처음 알았어."

**III. 정리해 봅시다**

인공 지능의 발달로 인해 어떤 문제가 발생할 수 있다고 생각합니까? 우리는 그러한 문제에 어떻게 대비해야 할까요?

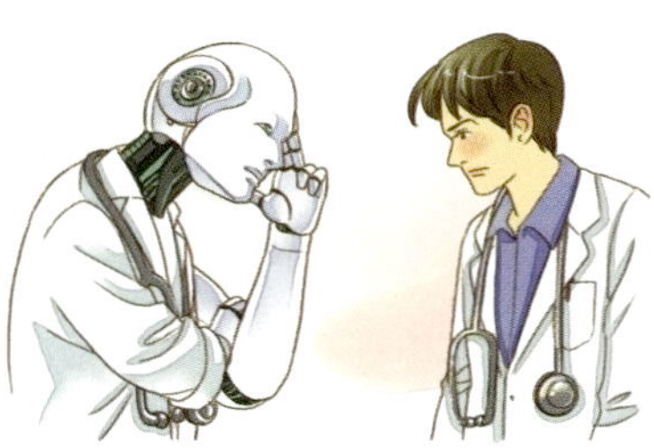

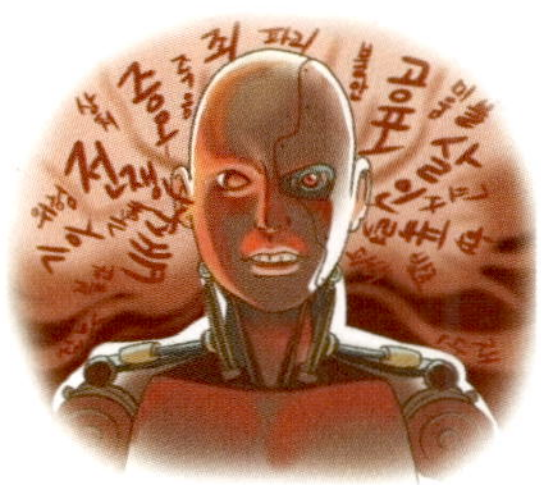

# 05과 과학과 인간

## 2. 과학과 윤리

MP3 / 12

• 학습 목표: 유전자 편집에 대한 이야기를 듣고 이해할 수 있다.

### I. 준비해 봅시다

**1** 여러분은 유전자 변형 식품을 가리지 않고 먹는 편입니까? 유전자 변형 식품이 안전하다고 생각합니까?

26개국 유전자 변형 농작물 재배 현황

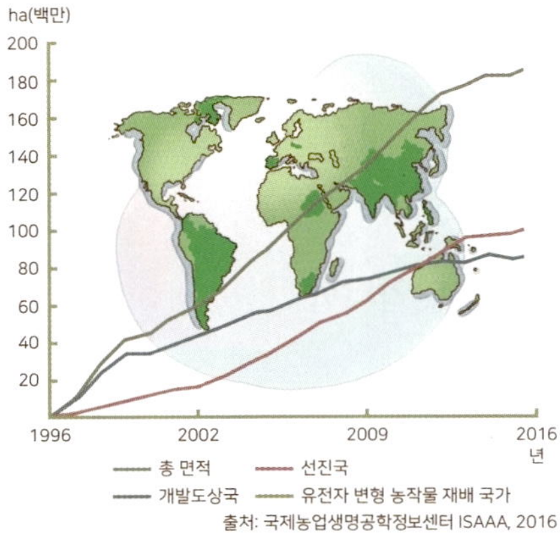


국내 GMO 농산물 수입량

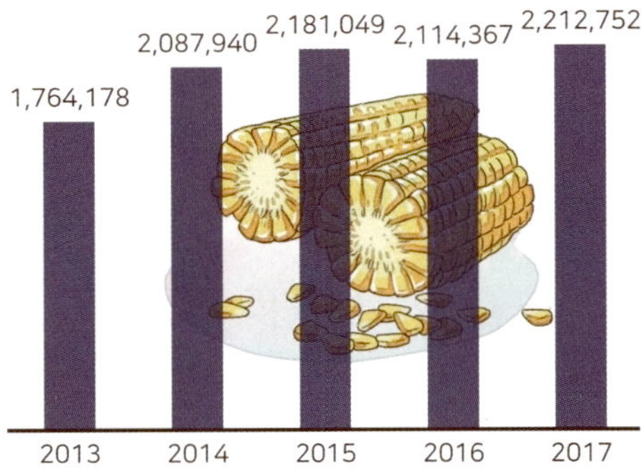


단위: 톤{출처-경제정의실천시민연합}

**2** 여러분은 과학 기술의 발달이 우리에게 긍정적인 영향을 미친다고 생각합니까? 다음 중 어느 견해에 동의합니까?

> 기술은 그 자체로 선하지도 악하지도 않은 수단이다. 그것은 인간이 기술로부터 무엇을 만드느냐, 기술이 인간의 무엇을 위하여 이바지하느냐, 그리고 어떠한 조건에서 기술이 만들어지느냐에 달려 있다.
> - 카를 야스퍼스(철학자)
>
> 과학 기술을 가치 중립적인 것으로 이해하고 받아들이면 우리는 무방비 상태로 과학 기술에 내맡겨진다.
> - 마르틴 하이데거(철학자)

중립적　　무방비

## II. 들어 봅시다

### [1] 듣고 질문에 답하십시오.

**1** 들은 내용과 같은 것을 고르십시오. (　　)

① 유전자 변형 식품에 대한 부정적인 증거가 확인됐다.
② 동물의 유전자를 변형한 식품은 실생활에서 볼 수 없다.
③ 유전자 편집 기술을 활용하여 모기의 번식을 막을 수 있다.
④ 식물의 유전자 편집은 생태계에 영향을 미치지 않기 때문에 안전하다.

### [2~3] 듣고 질문에 답하십시오.

**2** 반려동물 복제에 반대하는 이유는 무엇입니까? 빈칸을 채우십시오.

| | |
|---|---|
| 반대 이유 | 1) ________________ 을/를 인간이 확인할 방법이 없다. |
| | 사람이 마음대로 생명을 2) ________________ 는/은/ㄴ 것은 옳지 않다. |
| | 복제 과정에서 수많은 개가 희생되고 있다. |
| | 3) ____________ 으로/로 복제된 동물에게서 4) ________________ 과/와 같은 부작용이 생길 수 있다. |

**3** 인간 배아의 유전자 편집에 대한 견해를 정리하십시오.

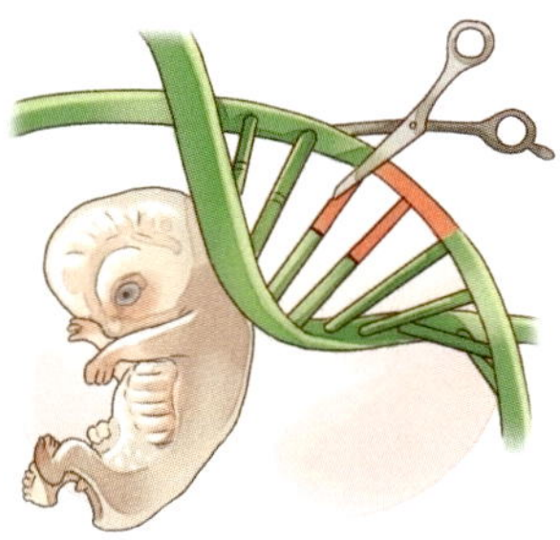

| | |
|---|---|
| 우려된다 | 유전자 편집 기술의 1) ________________ 문제 |
| | 맞춤형 아기 탄생은 2) ________________ 문제 |
| 필요하다 | 유전 질환에 대한 3) ________________ 가능 |

변형　깊숙이　호의적　증거　유해　불임　논란　학계　허용하다　배아
교정　비난

[4~6] 다시 듣고 질문에 답하십시오.

**4** 들은 내용과 다른 것을 고르십시오. (    )

① 반려동물 복제는 인간의 욕심이라는 비판이 있다.
② 최근 반려동물이 죽은 후 우울해 하는 사람들이 늘고 있다.
③ 복제된 개와 죽은 개는 겉모습뿐만 아니라 행동도 비슷하다.
④ 반려동물을 키우는 20% 이상의 사람들이 펫로스 증후군을 겪었다.

**5** 들은 내용과 같으면 ○, 다르면 X 하십시오.

1) 나라마다 동물 복제에 대한 법적 제한이 다르다. (    )
2) 인간 배아에 대한 유전자 교정은 모든 국가에서 금지하고 있다. (    )
3) 에이즈 치료를 위해 유전자 편집 기술을 사용한 과학자가 있었다. (    )
4) 유전자 편집 기술이 발달하면 아기의 지능도 조작할 수 있다. (    )

**6** 인간 배아의 유전자 편집 기술과 관련된 우려를 해소하기 위해서 어떤 노력이 필요합니까?

___

**III. 정리해 봅시다**

과학 기술이 발달하면서 다양한 윤리 문제가 발생할 수 있습니다. 다음의 경우에 어떤 문제를 고려해야 한다고 생각합니까?

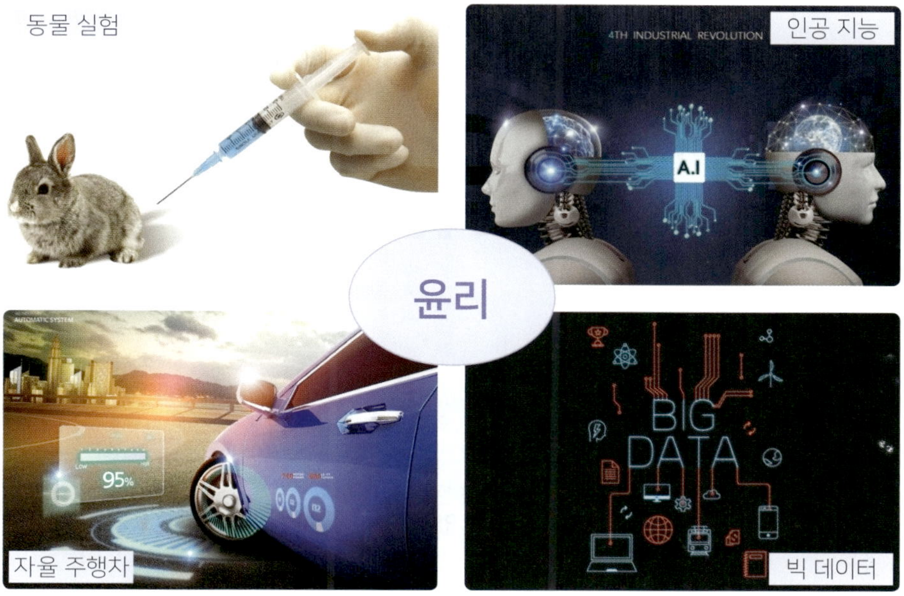

# 06과 인터넷과 현대인

## 1. 인터넷과 사생활

MP3 / 13

• 학습 목표: 개인 정보 보호에 대한 이야기를 듣고 이해할 수 있다.

Ⅰ. 준비해 봅시다

1 인터넷에서 여러분의 개인 정보가 유출된 경험이 있습니까? 만약 개인 정보가 유출된다면 어떻게 대처해야 할까요?

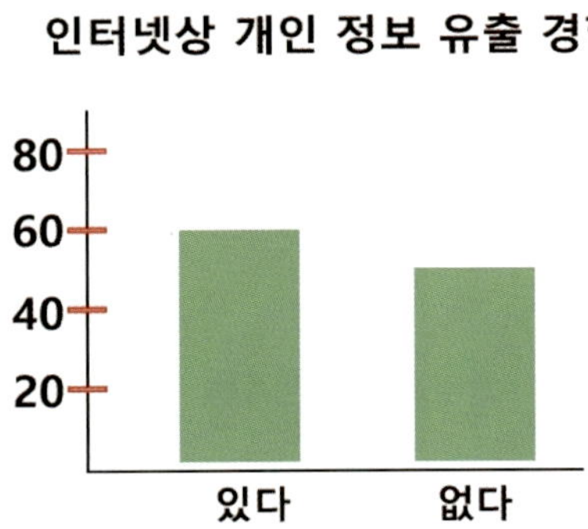


**개인 정보 유출로 인한 피해**

· 모르는 사람에게 광고 메시지나 홍보 전화를 받았다.

· 개인 에스엔에스(SNS)에 올린 내 사진이 인터넷 여기저기에 떠돌아다닌다.

· 친구들에게 내 번호로 내가 보내지 않은 메시지가 전달됐다.

· 내가 사지 않은 물건이 내 신용카드로 결제됐다.

2 여러분은 개인 정보 수집과 이용에 대해서 어떻게 생각합니까? 다음 질문을 읽고 개인 정보 수집과 이용에 동의할 수 있습니까?

연세전자는 고객 관리와 이벤트 참여 기회 제공을 위해서 고객의 이메일, 휴대 전화 번호, 구매 및 상담 기록 등을 수집·이용합니다.

□ 동의 □ 동의하지 않음

이 사이트는 당신의 에스엔에스(SNS) 계정과 연결되기 위해서 계정 아이디와 프로필 사진 등의 개인 정보를 요청합니다.

□ 동의 □ 동의하지 않음

우리 병원은 홈페이지를 통해 진료를 예약한 고객들에 한해서 성별, 연령, 관심 분야 등을 수집하여 맞춤형 건강 정보를 제공하고자 합니다.

□ 동의 □ 동의하지 않음

## Ⅱ. 들어 봅시다

[1] 듣고 질문에 답하십시오.

**1** 들은 내용과 같은 것을 고르십시오. (　　)

① 여자는 좋아하는 가수에게 여자 친구가 있어서 속상해 한다.
② 남자는 일부 팬들이 연예인의 사생활을 침해한다고 생각한다.
③ 여자는 연예인의 사생활 공개가 팬들의 알 권리라고 주장한다.
④ 남자는 연예인도 사생활을 존중 받아야 한다는 생각에 동의한다.

[2~3] 듣고 질문에 답하십시오.

**2** 무엇에 대해서 이야기하고 있습니까? (　　)

① 개인 정보 수집의 어려움
② 개인 정보 유출로 인한 피해
③ 개인 정보 관리자의 법적 책임
④ 개인 정보 익명 처리의 안전성

**3** 두 토론자의 입장으로 맞는 것을 연결하십시오.

| | | |
|---|---|---|
| 1) | 남성 • | • 동의 없는 개인 정보 수집은 위험할 수 있다. |
| 2) | 여성 • | • 국가 발전을 위해서 개인 정보 활용이 필요하다. |

계정　알 권리　익명　공익적　식별하다　의도적　처벌

[4~6] 다시 듣고 질문에 답하십시오.

**4** 들은 내용과 같은 것을 고르십시오. (　　)

① 개인 정보가 익명으로만 사용된다면 큰 문제가 없을 것이다.
② 이전까지 개인의 동의가 없는 개인 정보는 사용할 수 없었다.
③ 개인 정보 유출 사건은 법적 처벌 기준이 없어서 생긴 일이다.
④ 앞으로는 익명의 정보를 사용할 때에도 개인의 동의가 필요하다.

**5** 다음 문장의 빈칸에 들어갈 말로 알맞은 것을 고르십시오. (　　)

여자는 인터넷상에 이미 너무 많은 개인 정보가 노출되어 있기 때문에 ____________________
____________________________________________.

① 개인 정보 유출의 책임은 개인에게 물어야 한다고 주장한다.
② 익명의 정보를 가지고도 정보의 주인을 찾을 수 있다고 주장한다.
③ 또 다른 정보가 유출된다고 해도 큰 의미가 없을 거라고 주장한다.
④ 오히려 개인 정보가 공익적인 목적으로만 사용될 거라고 주장한다.

**6** 남자가 개인 정보 활용 분야로 언급하지 않은 것을 고르십시오. (　　)

① 국민들이 필요로 하는 정책을 개발할 수 있다.
② 소비자가 원하는 제품을 예측하여 추천할 수 있다.
③ 새로운 약을 개발해서 환자 치료에 이용할 수 있다.
④ 사람들에게 필요한 기술을 연구하고 개발할 수 있다.

신상 정보　일리가 있다　애초　보완책

III. 정리해 봅시다

여러분은 인터넷에서 개인 정보를 보호하기 위해서 어떤 노력을 하고 있습니까? 다음의 사항 중 여러분은 몇 가지 방법을 실천하고 있습니까?

| 개인 정보 보호를 위한 개인의 노력 | |
|---|---|
| 새로운 사이트에 가입할 때 개인 정보 수집 내용과 목적을 꼼꼼히 읽고 동의한다. | |
| 비밀번호를 설정할 때 글자, 숫자, 특수 문자(!, @, %) 등을 조합하여 8자리 이상으로 복잡하게 만든다. | |
| 비밀번호는 6개월에 한 번씩 바꿔 준다. | |
| 출처가 불분명하거나 모르는 사람이 보낸 파일은 다운로드하지 않는다. | |
| 다른 사람과 함께 보는 공유 폴더에는 개인 정보가 포함된 파일을 올리지 않는다. | |

# 06과 인터넷과 현대인

## 2. 현대인과 에스엔에스(SNS)

MP3 / 14

• 학습 목표: 에스엔에스의 순기능과 역기능에 대한 글을 읽고 이해할 수 있다.

### Ⅰ. 준비해 봅시다

**1** 여러분은 다양한 종류의 에스엔에스 중에서 무엇을 가장 많이 이용합니까? 왜 그것을 자주 이용합니까?

**2** 에스엔에스를 사용하면서 스트레스를 받은 경험이 있습니까? 에스엔에스가 현대인에게 미치는 부정적인 영향에 대해서 이야기해 봅시다.

저는 얼마 전에
SNS를 탈퇴했어요.
저는 날마다
회사 일로 너무 힘든데,
여유 있게 여행 다니고
행복하게 사는
친구들의 모습을 보니
상대적 박탈감이 들더군요.

SNS에 사진이나
글을 올릴 때
저도 모르게 자꾸
실제보다 더 아름답게
꾸미게 돼요.
그래서 즐거울 때도 있지만
가끔은 가짜 인생을 살고
있는 것 같아서 씁쓸해요.

얼마 전
오랜만에 만난 동창이
SNS를 보고 제 최근 소식을
다 알고 있어서
깜짝 놀랐어요.
직접 연락을 주고받은 것도
아닌데···, 좀 불편했어요.

## Ⅱ. 읽어 봅시다

다음 글을 읽고 질문에 답하십시오.

**흐엉의 블로그** **일상 기록**

며칠 전 극장에서 '보다'라는 한국 영화를 봤다. 가상의 에스엔에스인 '보다'를 이용하는 사람들의 이야기였다.

주인공 지우는 매일 저녁 그날 있었던 일을 자신의 에스엔에스인 '보다'에 올린다. 하루라도 '보다'에 접속하지 않으면 혼자 남겨진 것 같은 불안감과 외로움 때문에 참을 수 없어 한다. 또 자신이 글을 올리고 나서 2, 3분 안에 사람들이 반응을 보이지 않으면 마치 누구도 자신을 인정하거나 사랑하지 않는 것 같다는 생각에 우울해하기도 한다.

그러다가 지우는 사람들의 관심에 점점 더 목말라하며 자신의 삶을 포장하게 되고 결국에는 자신이 동경하던 부유한 친구 수지의 행세를 하게 된다. 에스엔에스를 하지 않는 수지 몰래 자신이 찍어 줬던 수지의 사진이나 수지의 집에서 찍었던 사진 등을 자신의 '보다' 계정에 올린 것이다. 그러던 어느 날 수지의 집에 도둑이 들고, 그 도둑이 에스엔에스에 올라온 사진을 보고 범죄를 계획했다는 사실이 밝혀진다. 그뿐만 아니라 지우가 '보다'에 올렸던 수지의 사진과 개인 정보는 이미 여러 사이트에 일파만파 퍼지고 있는 중이었다.

주인공 지우는 내성적인 성격이라서 평소에 남들 앞에 나서거나 친구를 사귀는 데 어려움을 느끼곤 했다. 그런 지우가 에스엔에스에서 새로운 사람들을 만나고 소통의 즐거움을 느끼는 모습에는 나 역시 크게 공감할 수 있었다. 그러나 에스엔에스 중독을 넘어서 그 안에서 가짜 인생을 살게 된 지우의 모습은 정말 안타까웠다. 또 바로 이런 점들이 에스엔에스가 현대인에게 미치는 악영향이라는 생각도 들었다.

생각해 보면 에스엔에스를 하면 이점보다는 나쁜 점이 더 많은 것 같다. 영화 속 지우의 모습처럼 다른 사람의 일상을 보면서 자꾸만 그와 나를 비교하게 되고 내 현실을 과장하거나 미화하는 것도 그렇다. 또 에스엔에스를 하면서 다른 사람들이 지나치게 내 사생활을 보게 하는 것도 위험한 일이다. 이제부터는 에스엔에스 활동을 자제하고 많이 이용하지 않는 에스엔에스들은 대부분 정리하는 것이 좋을 것 같다.

↳ 노라노라♡

흐엉, 안녕? 나도 어제 이 영화를 봤어. 그런데 나는 오히려 이 영화가 에스엔에스에 대해서 너무 부정적으로만 이야기하는 것 같아서 조금 불편했어. 우리가 이렇게 시간과 장소에 구애받지 않고 소통할 수 있는 것도 다 에스엔에스 덕분이 아닐까? 에스엔에스의 단점을 알고 있음에도 불구하고 수많은 사람들이 이용하는 데에는 그만한 장점도 분명히 많기 때문이라고 생각해.

가상　남겨지다　그러다가　목말라하다　범죄　밝혀지다　이점　과장하다
미화하다　구애받다

↳ 세종최고★한글최고
나는 이 영화는 못 봤지만 흐엉의 글을 보고 현재 내 에스엔에스 활동에 대해서 다시 생각해 보게 됐어. 에스엔에스 자체가 나쁘다기보다는 그것을 잘못된 방식으로 이용하지 않도록 조심해야 할 것 같아.

## 1 흐엉이 블로그에 글을 쓴 목적은 무엇입니까? (　　)

① 에스엔에스가 주는 소통의 즐거움을 알리려고
② 에스엔에스가 자신에게 미친 영향을 설명하려고
③ 에스엔에스를 이용한 경험을 친구들과 공유하려고
④ 에스엔에스의 부정적인 측면에 대해서 이야기하려고

## 2 영화에서 보여 준 에스엔에스의 역기능이 아닌 것을 고르십시오. (　　)

① 범죄의 대상이 될 수 있다.
② 에스엔에스 사용에 중독될 수 있다.
③ 자기 일상을 미화하거나 거짓말을 할 수도 있다.
④ 내가 올린 게시물에 나쁜 댓글이 달릴 수도 있다.

## 3 이 글을 보고 쓴 두 댓글의 내용과 같으면 ○, 다르면 X 하십시오.

1) '노라노라♡'는 에스엔에스에 역기능이 더 많다고 이야기한다. (　　)
2) '세종최고★한글최고'는 에스엔에스의 단점보다 장점을 보자고 주장한다. (　　)

## 4 이 글을 읽은 사람의 반응으로 틀린 것을 고르십시오. (　　)

① "다른 사람이 내 일상을 본다는 것이 좋은 일만은 아닌 것 같아."
② "댓글의 의견처럼 영화에서 너무 한쪽 측면만을 그리고 있는 건 아닐까?"
③ "에스엔에스 활동을 하다가 범죄를 계획했다는 오해를 받을 수도 있겠어."
④ "에스엔에스를 유익하게 이용하는 방법에 대해서 고민해 봐야 할 것 같아."

III. 정리해 봅시다

에스엔에스를 하는 것이 정말 인생의 낭비일까요? 에스엔에스를 건강하게 활용할 수 있는 방법은 무엇일까요?

하루 사용 시간을 정해 놓고 정해진 시간에만 이용한다.

타인이 올리는 사진이나 글은 그 사람들 인생의 '특별한 순간'이라는 것을 잊지 않는다.

지나치게 많은 개인 정보를 노출하지 않도록 주의한다.

에스엔에스를 통해서 접한 정보를 무조건 믿거나 다른 사람에게 무분별하게 공유하지 않도록 한다.

# 복습



다음 글을 읽고 질문에 답하십시오.

### 나도 모르는 사이에 나를 분석하는 '빅 데이터(Big Data)'

인터넷과 스마트 기기의 사용이 일상화되면서 오늘날 인터넷에서 우리가 활동한 기록은 그대로 빅 데이터라는 방대한 자료 안에 쌓이게 된다. 그리고 어느새 나도 몰랐던 나의 취향과 필요를 분석하여 그 순간 딱 필요한 정보 혹은 광고를 내 눈앞에 내놓는다.

빅 데이터란 디지털 환경에서 만들어지는 모든 자료로서 수치와 문자는 물론 영상 자료도 포함된다. 한 국가나 기업의 주요 정보뿐만 아니라 인터넷에서 이루어지는 개인의 사적인 활동까지도 모두 기록으로 남기 때문에 매 순간 생성되는 데이터의 양은 실로 엄청나다.

최근 대부분의 기업에서는 고객 분석이라는 명목으로 인터넷에 남겨진 수많은 개인들의 정보를 수집하고 활용한다. 구매 이력이나 검색해 본 제품의 목록, 자주 가는 인터넷 사이트와 방문 횟수까지 모두 기업의 판매 전략을 세우는 데 이용하는 것이다.

물론 이를 통해서 개인은 좀 더 편리하게 자신에게 필요한 정보를 제공받을 수 있다. 기업 역시 빅 데이터를 가지고 보다 효율적으로 이윤을 추구할 수 있다는 이점이 있다. 그러나 이 같은 편리성과 효율성 뒤에 가려진 개인 정보 보호의 가치를 잊어서는 안 된다는 목소리도 있다. 내가 아닌 다른 존재가 '나보다 나를 더 잘 아는 것'의 위험성을 경고하는 것이다.

빅 데이터의 생성은 이미 되돌릴 수 없는 흐름이라고 할 수 있다. 그러나 이 방대한 정보와 함께 어떤 미래를 만들어 갈지는 아직 우리의 선택으로 남아 있다.

1. '빅 데이터(Big Data)'의 의미는 무엇입니까?

2. 이 글에서 언급하지 않은 내용을 고르십시오. (　　)

① 빅 데이터의 종류　　② 빅 데이터의 장점
③ 빅 데이터 분석 방법　　④ 빅 데이터로 인한 문제점

일상화되다　방대하다　생성되다　구매 이력

# 문화 세대별로 선호하는 에스엔에스(SNS) 유형

에스엔에스는 사람들이 인터넷에서 서로 소통하고 관계를 이어가는 창구 역할을 한다. 그런데 자세히 살펴보면 각각의 에스엔에스는 서로 다른 특성이 있고 그 특성에 따라서 세대별로 선호하는 유형도 다르다.

먼저 디지털 세대라고 불리는 10대는 에스엔에스 안에서도 즉각적인 감상과 반응이 가능한 영상 콘텐츠를 가장 즐긴다. 이전 세대가 주로 텔레비전에서 영상 콘텐츠를 접했던 것과 달리 지금의 10대는 에스엔에스에 올라온 영상을 보면서 자신의 관심사를 넓혀 가고 때로는 자신이 직접 영상을 찍어서 올리기도 한다.

반면에 20대와 30대는 영상보다는 사진, 그리고 그 사진에 짧은 문구를 덧붙일 수 있는 에스엔에스를 선호한다. 이 세대는 특히 이미지를 통해서 자신의 감성이나 취향을 표출하고 타인의 게시물에 긴 댓글을 달기보다 '좋아요' 등을 누르면서 공감을 표시한다.

40대는 20~30대와 달리 이미지보다는 문장을 선호한다. 또한 에스엔에스에서 자신이 누구인지 드러내기보다는 자신에게 필요한 정보를 얻을 수 있는 인터넷 커뮤니티에 관심이 많다. 한편 50대 이상의 장년층에게는 실용적인 정보보다 오히려 오프라인에서의 실제 인맥을 기반으로 하는 커뮤니티가 더욱 인기라고 한다. 예를 들어서 같은 학교 출신의 동창생들이나 동호회 멤버들이 온라인에서도 활발하게 소통을 이어가는 것이다.

**1.** 세대별로 선호하는 에스엔에스의 특징을 쓰십시오.

| 세대 | 에스엔에스 특징 |
|---|---|
| 10대 | 영상 콘텐츠 중심의 에스엔에스 |
| 20~30대 | 1) |
| 40대 | 자신에게 필요한 정보를 얻을 수 있는 인터넷 커뮤니티 |
| 50대 | 2) |

**2.** 여러분 나라에서는 세대별로 선호하는 에스엔에스가 어떻게 다릅니까?

창구　문구　표출하다

# 07과 공교육과 사교육

## 1. 한국의 학교 교육

MP3 / 16

• 학습 목표: 한국의 대학 교육에 대한 글을 읽고 이해할 수 있다.

### I. 준비해 봅시다

1 여러분은 대학 진학이 필수적이라고 생각합니까? 대학 진학이 필요한 이유는 무엇이라고 생각합니까?

대학 진학에 대한 인식
(대한민국 고등학교 3학년 대상 조사)

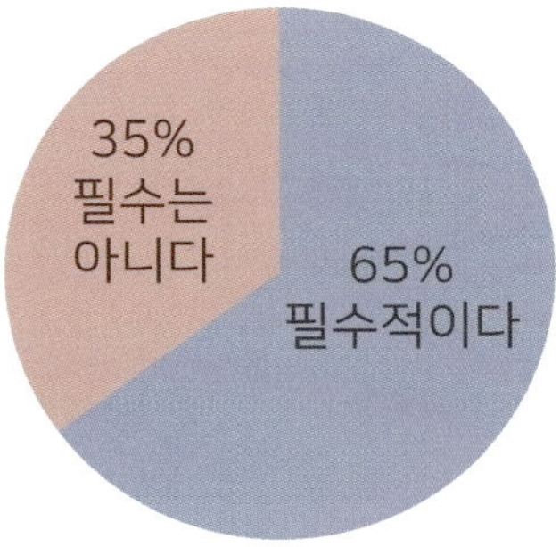


2 여러분이 고등학교에 다닐 때 급훈이 있었습니까? 한국의 고등학교 3학년 교실에 걸려 있는 다음의 급훈들은 무슨 의미일까요?

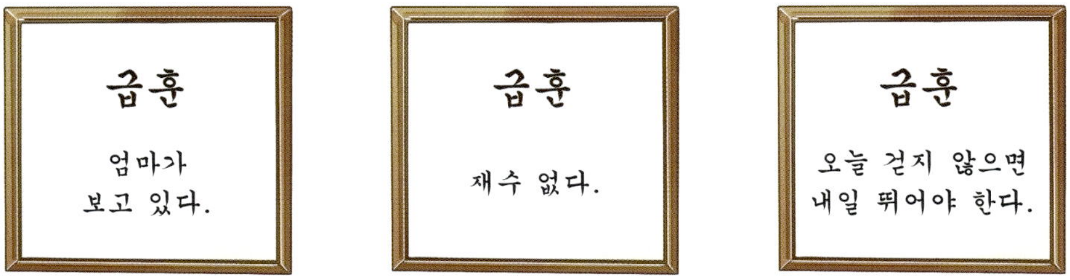

II. 읽어 봅시다

다음 글을 읽고 질문에 답하십시오.

### 대학의 가치, 대학의 변화

과거부터 한국 사회에서는 대학 진학을 필수로 생각하는 분위기가 강했다. 전통적으로 교육을 중요하게 생각해 왔던 문화와 대학을 졸업한 사람이 사회에서 더 유리한 위치를 차지하는 현실적인 이유 때문이었다. 이로 인해 한국에서 초등학교, 중학교, 고등학교까지의 12년 공교육은 모두 대학 입시라는 단 하나의 목표만을 향하고 있다고 해도 과언이 아니다. 사교육 역시 소위 명문대라고 알려진 상위권 대학에 더 많은 학생을 보내는 것에 초점을 맞추고 있다.

그런데 몇 년 전부터 이처럼 대학 입시에 지나치게 의존하는 우리의 현실을 비판적으로 생각해 볼 필요가 있다는 여론이 높아지기 시작했다. 이는 우리 모두가 이렇게 치열한 경쟁을 거쳐서 들어간 대학이 과연 그만한 가치가 있는 곳인지에 대한 반성적 질문이기도 하다.

2000년대 이후 달라지기 시작한 취업 시장의 분위기는 이 같은 인식의 변화에 가장 먼저 영향을 줬다. 이전까지는 대학 졸업장만 있으면 대부분 취업이 가능했고 특히 명문대생들은 원하는 직장을 골라서 갈 수도 있다는 우스갯소리를 하기도 했다. 그러나 한국 사회가 경제적으로 큰 위기를 맞이했던 1997년 아이엠에프(IMF) 시기 이후 대졸자의 취업률은 현저히 떨어지기 시작했다. 이러한 현실을 반영하듯이 '이태백(이십대 태반이 백수)', '엔(N)포 세대(취업난과 경제적 어려움으로 인해 연애, 결혼, 출산 등을 포기한 젊은 세대)', '화석 선배(취업난으로 인해 계속해서 졸업을 미루는 고학번 선배)'와 같은 유행어도 생겨났다.

취업 시장의 변화는 대학 교육의 변화와도 직결됐다. 학생들이 취업에 어려움을 겪기 시작하자 각 대학에서는 취업에 도움이 되는 강의를 개설하거나 취업을 목표로 하는 새로운 학과를 만들기도 했다. 그런데 이 과정에서 문학, 역사학, 철학과 같은 인문학 분야와 수학, 자연 과학과 같은 기초 과학 분야의 학과들은 축소되거나 사라지게 되었다. 학생들 또한 자신이 정말 공부하고 싶은 분야보다는 취업에 유리한 전공이나 수업을 선택하는 경향이 강해졌고 학점을 잘 주는 교수님의 수업을 골라서 듣는 모습도 흔해졌다.

그렇다고 해서 대졸자의 취업률이 눈에 띄게 높아진 것도 아니다. 오히려 이러한 대학의 풍경은 진리 탐구라는 대학의 전통적 사명과 목표에 대한 회의를 불러왔고 대학 교육의 질과 방향성에 대한 비판으로도 이어졌다.

이러한 상황에서 대학 교육의 가치와 미래를 고민하게 하는 또 다른 요인이 생겨났다. 바로 현재 전 세계적으로 진행되고 있는 기술 혁명이다. 4차 산업 혁명으로 인해 인공 지능이 주도하는 세상이 점차 현실화되면서 각 대학에서는 이 같은 시대 변화에 맞는 교육 내용과 교육 방식이 무엇인지 심사숙고하기 시작했다. 지금처럼 학과 시험과 취업 준비에만 초점을 맞춘 교육으로는 미래 사회에서 학생들에게 꼭 필요한 능력을 제대로 키워 줄 수 없기 때문이다. 대학 교육이 안정적인 직업을 보장해 주지 못하는 지금의 현실은 어쩌면 그 같은 미래에 대한 예고편인지도 모른다.

이제는 대학이 대학을 향한 수많은 비판적 의문들에 적극적으로 답하며 자신의 존재 가치를 증명해야 할 때가 왔다. 진리 탐구라는 이상과 경제적인 현실 사이에서 대학이 나아가야 할 방향과 대학 교육의 가치를 분명히 제시해야 하는 것이다. 우리가 대학 교육에 기대하는 것은 시대의 변화에 휩쓸리는 모습이 아니라 시대 변화와 발맞춰 사회의 발전을 이끌어 나가는 모습이다. 그렇다면 대학 교육은 어떻게 변해야 하는가? 그 해답에 따라서 대학의 미래가 결정될 것이다.

---

* 아이엠에프(IMF) 시기: 아이엠에프는 국제통화기금(International Monetary Fund)의 약자로 전 세계의 무역 안정을 목적으로 하는 국제기구이다. 한국은 1997년 경제 위기를 맞아 아이엠에프에 긴급 자금을 요청했고 2001년까지 아이엠에프의 경제적 관리를 받게 됐다. 한국에서는 온 나라가 경제적으로 큰 어려움을 겪었던 이때를 'IMF 시기'라고 부른다.

---

* 4차 산업 혁명: 4차 산업 혁명(The Fourth Industrial Revolution)은 정보 통신 기술의 발전으로 인공 지능(AI), 사물 인터넷(IoT), 빅 데이터, 가상 현실(VR) 등이 일상화되는 기술적·산업적 변화를 말한다.

## 1 무엇에 대한 이야기입니까? (　　)

① 대학의 가치가 높아진 이유
② 대학의 위기와 변화의 필요성
③ 대학이 사회 발전을 이끌어 온 역사
④ 대학 교육이 4차 산업 혁명에 미치는 영향

## 2 다음의 유행어들은 한국 사회의 어떤 현실을 나타내고 있습니까?

이태백　　엔(N)포 세대　　화석 선배

---

비판적　여론　우스갯소리　대졸자　현저히　태반　화석　고학번　직결되다　축소되다　사명

**3** 이 글에서 이야기하지 않은 것은 무엇입니까? (   )

① 취업난으로 인해 사라지는 학과들도 있다.
② 공부보다 학점에 더 신경을 쓰는 학생들이 많다.
③ 현재의 대학 교육을 비판적으로 보는 사람들이 있다.
④ 미래의 대학 교육은 인공 지능 개발을 목표로 해야 한다.

**4** 글쓴이의 생각과 같은 것을 고르십시오. (   )

① "대학 교육은 사회 현실과 무관하게 이루어져야 해."
② "대학 교육이 발전하기 위해서는 기초 학문을 가르쳐야 해."
③ "대학 교육은 취업에 유리한 경쟁력을 길러 줄 수 있어야 해."
④ "대학 교육은 미래 사회에 필요한 능력을 키워 줄 수 있어야 해."

## III. 정리해 봅시다

미래 사회를 준비하는 우리에게 꼭 필요한 교육 내용과 교육 방식은 무엇일까요?
여러분은 어떤 교육이 필요하다고 생각합니까?

# 07과 공교육과 사교육

## 2. 한국의 교육열

MP3 / 17

• 학습 목표: 한국의 사교육에 대한 이야기를 듣고 이해할 수 있다.

### I. 준비해 봅시다

**1** 건물 앞에 자동차들이 줄지어 서 있는 이유는 무엇일까요? 여러분 나라에서도 사교육을 중요하게 생각합니까?

**2** 사교육 열풍의 문제점은 무엇이라고 생각합니까? 사교육이 사회 문제라고 이야기하는 이유는 무엇일까요?

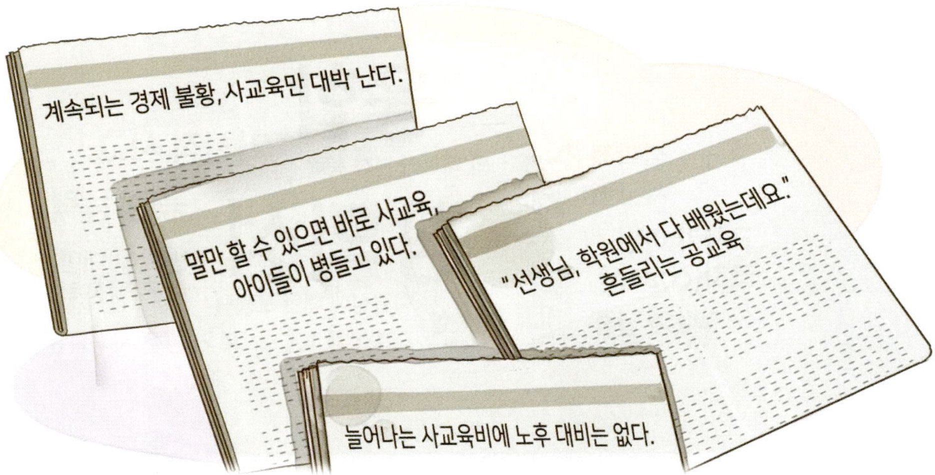

## II. 들어 봅시다

[1] 듣고 질문에 답하십시오.

**1** 들은 내용과 같은 것을 고르십시오. (　　)

① 여자는 한국 사람들이 사교육을 부정적으로 본다고 주장한다.
② 남자는 영어 유치원 교육이 아이들에게 도움이 된다고 생각한다.
③ 여자는 인턴십 기회를 얻은 덕분에 영어를 잘하게 됐다고 말한다.
④ 남자는 아이들에게 스트레스를 주는 교육은 좋지 않다고 이야기한다.

[2~3] 듣고 질문에 답하십시오.

**2** 김은영 박사는 지금 어디에서 무엇을 하고 있습니까? (　　)

① 병원에서 환자들을 진료하고 있다.
② 방송에서 교육 전문가를 인터뷰하고 있다.
③ 방송국에서 텔레비전 프로그램을 진행하고 있다.
④ 강의실에서 효과적인 소통 방법에 대해서 강의하고 있다.

**3** 김은영 박사는 무엇에 대해서 이야기하고 있습니까? (　　)

① 사교육의 부작용　　② 부모 자식 간의 갈등
③ 유아에게 필요한 놀이　　④ 사교육과 성적의 관계

뚫다　상담소　방청석　말문을 닫다　대리운전　명문대　스카이(SKY)

[4~6] 다시 듣고 질문에 답하십시오.

**4** 첫 번째 상담에서 김은영 박사의 조언으로 맞는 것을 고르십시오. (　　)

① 아이가 뒤처지지 않도록 과외 수업을 더 늘려 주세요.
② 아이가 언어를 배울 수 있도록 책을 많이 읽어 주세요.
③ 다른 아이들과 같이 놀 수 있는 운동 수업을 듣게 하세요.
④ 다른 아이들과 비교하지 말고 아이의 속도에 맞춰 주세요.

**5** 두 번째 상담에서 학생이 이야기한 문제가 아닌 것을 고르십시오. (　　)

① 아르바이트를 하는 어머니의 모습이 부끄럽다.
② 자신이 꿈꾸는 미래와 부모님의 생각이 다르다.
③ 자신 때문에 고생하시는 부모님의 모습이 부담이 된다.
④ 아무리 사교육을 많이 받아도 높은 성적을 받을 수 없다.

**6** 이 프로그램에서는 이후 어떤 이야기를 하겠습니까? (　　)

① 부모가 아이들을 명문대에 보낼 수 있는 방법
② 부모가 아이들에게 맞는 학원을 골라 주는 방법
③ 부모가 아이들에게 교육의 필요성을 이해시키는 방법
④ 부모가 아이들의 특성을 이해하고 소통할 수 있는 방법

노래를 부르다　　마음을 접다　　마음을 터놓다　　되돌아보다

III. 정리해 봅시다

'게임 학원', '코딩 학원', '인터넷 방송 진행자 학원' 등에 대해서 들어 본 적이 있습니까? 여러분 나라에는 어떤 종류의 사교육이 있습니까?

게임 학원

"예전에는 게임을 좀 안 좋은 취미로 보는 분위기가 있었는데 지금은 많이 바뀐 것 같아요. 제가 부모님께 게임이 정말 좋고 앞으로 게임 개발자가 되고 싶다고 말씀드렸더니 게임 학원에 보내 주셨어요."

코딩 학원

"미래 사회에서는 컴퓨터 같은 기계를 능숙하게 다루는 능력이 중요하잖아요. 그래서 저는 어렸을 때부터 학원에서 코딩 교육을 받았어요. 코딩으로 작은 비행기나 로봇 등을 직접 만들면서 사람들의 생활에 도움이 되는 기계를 개발하고 싶다는 꿈도 생겼어요."

"제 꿈은 인터넷 방송 진행자예요. 방송에 대해서 좀 더 알고 진행자답게 말도 잘하고 싶어서 이 학원에 왔어요. 학원에서 저와 같은 꿈을 가진 친구들을 만나서 서로 응원해 주는 것이 참 좋아요. 저에게는 영어, 수학을 배우는 시간보다 제 미래의 꿈을 위해서 투자하는 이 시간이 더 소중해요."

# 08과 삶과 배움

## 1. 인성 교육

MP3 / 18

• 학습 목표: 인성 교육에 대한 이야기를 듣고 이해할 수 있다.

I. 준비해 봅시다

1 인성 교육의 의미는 무엇일까요? 오늘날 인성 교육에서 가장 중요시해야 할 점은 무엇이라고 생각합니까?

2 옛날부터 동양에서 강조했던 인성 교육의 내용은 무엇입니까? 먼저 올바른 인성을 기르고 그 다음에 지식을 배우라는 말에 공감하십니까?

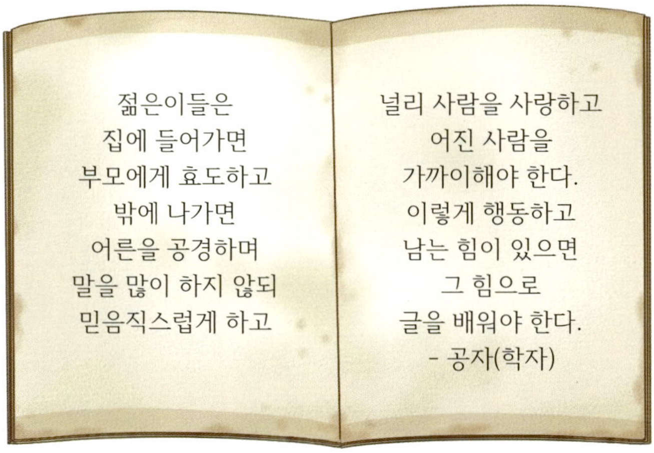

II. 들어 봅시다

[1] 듣고 질문에 답하십시오.

**1** 들은 내용과 같은 것을 고르십시오. (　　)

① 이 수업을 듣고 있는 학생들은 각각 전공이 다르다.
② 이 수업의 주제는 미래 사회의 교사가 갖춰야 할 능력이다.
③ 교수는 적극성과 자발성을 키워 주는 교육을 중요하게 생각한다.
④ 교수는 인성 교육의 내용은 과거와 현재가 다르지 않다고 강조한다.

[2~3] 듣고 질문에 답하십시오.

**2** 이 뉴스에 나온 '인성 캠프'에 대한 이야기로 맞는 것을 고르십시오. (　　)

① 전통적인 예절 교육을 강조한다.
② 아동과 청소년을 대상으로 한다.
③ 참가자들끼리 별명으로만 부른다.
④ 참가자들이 며칠간 함께 생활한다.

**3** 다음 빈칸에 들어갈 말로 알맞은 단어를 쓰십시오.

1) ____________ 프로그램에서는 자신의 이름 옆에 마음을 표현하는 단어 중 자신이 가장 좋아하는 단어를 써야 한다. 또 2) ____________ 프로그램에서는 자신에게 중요한 세 가지를 떠올리고 그것에 대한 감정을 느껴 본다.

적극성　자발성　내면　털어 내다　지도사　도덕　관계를 맺다　막상

[4~6] 다시 듣고 질문에 답하십시오.

**4** 이 뉴스의 내용과 다른 것을 고르십시오. (　　)

① 우리 사회의 다양한 청소년 문제는 인성 캠프를 통해서 해결할 수 있다.
② 명상을 하면 자신이 평소에 가지고 있던 감정을 더 분명히 느낄 수 있다.
③ 서로가 좋아하는 단어로 불러 주면서 서로에게 긍정적인 힘을 줄 수 있다.
④ 인성 캠프에 참가한 학생들은 부정적인 감정을 비우는 법을 배울 수 있다.

**5** 이 인성 캠프의 지도사는 언제 가장 보람을 느낍니까? (　　)

① 참가자들이 서로서로 응원해 줄 때
② 참가자들이 지도사들과 뜻을 같이할 때
③ 참가자들이 자신의 마음을 새롭게 발견할 때
④ 참가자들이 하루하루 밝아지는 모습을 보일 때

**6** 이 뉴스에서 인터뷰한 학부모가 느낀 감정이 아닌 것을 고르십시오. (　　)

① 놀라다　　② 기쁘다
③ 당황하다　　④ 감동적이다

뜻을 함께하다　　입에 달고 살다

III. 정리해 봅시다

여러분은 어렸을 때 어떤 종류의 인성 교육을 받았습니까? 아이들이 올바른 인성을 갖추도록 돕는 구체적인 인성 교육의 방법으로는 무엇이 있을까요?

할머니, 할아버지와 함께하는 전통문화 교육

다문화 통합 교육

친환경 교육

생명 존중 동물 사랑 교육

# 08과 삶과 배움

## 2. 꾸준한 배움

MP3 / 19

• 학습 목표: 평생 학습에 대한 글을 읽고 이해할 수 있다.

Ⅰ. 준비해 봅시다

1 '평생 학습'의 의미는 무엇입니까? 사람들이 학교를 졸업한 후에도 꾸준히 무엇인가를 배우고자 하는 이유는 무엇일까요?

평생 학습 참여율
(대한민국 성인 남녀 조사)

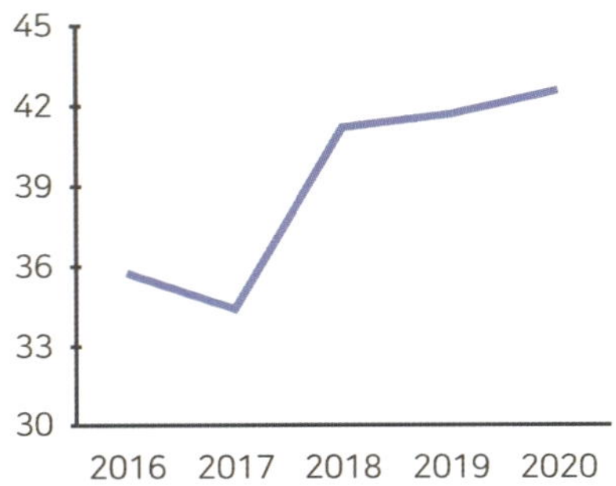


평생 학습 참여 동기

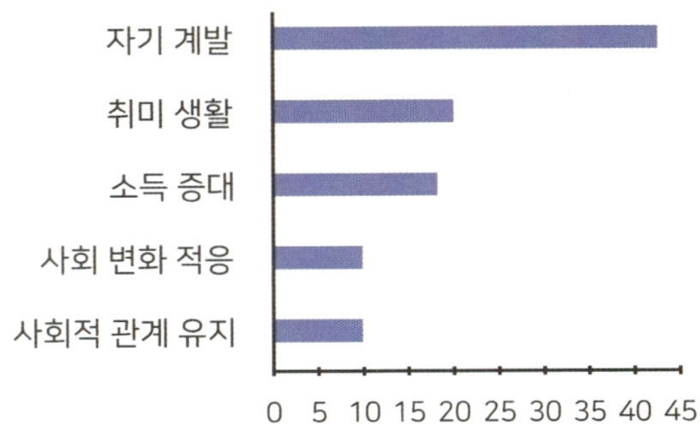


2 배움은 인생에 어떤 의미가 있다고 생각합니까? 배움이 사람을 성장시킨다는 것은 무슨 뜻일까요?

배우고 또 익히면 기쁘지 아니한가.
- 공자(학자)

부모는 제1의 인간을 만들고 교육은 제2의 인간을 만든다.
- 요한 하인리히 페스탈로치(교육자)

그대가 내일 죽을 것처럼 살아라. 그대가 영원히 살 것처럼 배워라.
- 마하트마 간디(정치인)

지혜는 학교에서 배우는 것이 아니라 평생 노력하여 얻어지는 것이다.
- 알버트 아인슈타인(과학자)

교육의 진정한 목적은 각자가 평생 자기의 교육을 계속할 수 있게 하는 데 있다.
- 존 듀이(교육자)

II. 읽어 봅시다

다음 글을 읽고 질문에 답하십시오.

화제의 인물> 문화 센터 평생 교육 과정 수강생 정삼용 씨

**"배움의 길에서 만난 제2의 인생"**

정삼용 씨는 문화 센터에서 7년째 수업을 듣고 있는 최고참 선배이다. "문화 센터에 들어온 순서로도 제일 선배지만 사실 나이도 제일 선배랍니다."라며 허허 웃는 그의 나이는 올해 일흔 살. 그 때문에 문화 센터에서 그의 별명은 '정 선배'라고 한다. "처음에는 선배라는 별명이 참 부담스러웠는데 이 별명 덕분에 반 친구들이 나를 더 편하게 생각해 주는 것 같더군요. 수업을 듣다가 궁금한 게 생기면 나에게 먼저 물어봐 주니까 인간관계도 넓어지고 문화 센터 생활도 즐거워졌지요."

그동안 문화 센터에서 그가 수강한 과목은 열 가지가 넘는다. 은퇴 후 '운동이나 해 볼까' 하는 가벼운 마음으로 신청한 체조와 탁구 수업을 시작으로 기타, 합창, 영어 회화, 동화 구연 등 여러 분야를 넘나들며 배움을 꾸준히 이어 왔다. "처음에 들었던 수업은 이름도 '실버 체조', '어르신 탁구 교실'이었어요. 은퇴 후 나도 모르게 '난 이제 진짜 노인이다'라는 생각이 머릿속에 박혀 있었나 봐요." 그랬던 그가 젊은이 못지않은 왕성한 도전 정신으로 미지의 영역에 과감하게 발을 들여놓게 된 계기는 무엇일까. "어느 날 운동 수업을 마치고 집에 가는데 기타 반에서 흘러나오는 기타 소리가 참 듣기 좋았습니다. 젊었을 때 기타를 배우고 싶었는데 형편도 어렵고 일도 바빠서 늘 꿈으로만 간직했었거든요. 그런데 마침 가까운 곳에서 그 꿈을 이룰 수 있다고 생각하니 용기가 났지요."

그렇게 한 번 새로운 분야에 도전해 보니까 다음 도전은 더 쉽게 느껴졌다. 기타반에서 친해진 친구들과 함께 합창반에 들어가서 노래도 배우고 맏딸의 결혼식 날 그 친구들과 같이 딸을 위한 축가도 불렀다. "자식들에게 나는 항상 일로 바쁜 아버지, 무뚝뚝한 아버지였어요. 그랬던 내가 축가를 부른다고 하니까 딸도 처음에는 크게 놀라는 눈치였지요. 그런데 막상 결혼식에서 기타를 치며 노래를 부르는 나를 보더니 눈물까지 글썽이더군요. 그런 딸을 바라보며 노래하던 그 순간이 정말 행복했어요."

이후 그는 새로 태어난 손녀딸을 위해서 동화 구연까지 배웠다. 손녀딸에게 좀 더 재미있게 동화책을 읽어 주고 싶은 마음에서였다. 그런데 이 동화 구연 수업이 그의 인생을 또 한 번 새롭게 바꾸는 계기가 됐다.

최고참　티를 내다　동화 구연　넘나들다　머릿속에 박히다　왕성하다　도전 정신
발을 들여놓다　흘러나오다　간직하다

"한창 재미있게 수업을 듣고 있는데 선생님께서 동화 구연 지도사 자격증에 도전해 보라고 하시더군요. 자격증이 있으면 지역에서 아이들을 대상으로 봉사 활동도 할 수 있고 초등학교 방과 후 교실에서 수업도 할 수 있다고 하시더라고요." 선생님의 권유로 자격증을 따서 지금은 방과 후 교실과 문화 센터에서 아이들을 대상으로 동화 구연 수업을 하고 있다는 정삼용 씨. 주변의 반응은 어떨까. "정 선배가 이제는 정 선생이 됐다고 여기저기에서 장난스럽게 놀리기도 하고 축하도 많이 해 준답니다."

정삼용 씨는 문화 센터를 만나서 제2의 인생을 살게 되었다고 말한다. "이곳에 오지 않았더라면 젊은 날의 꿈이었던 기타도 배우지 못했을 거고 이렇게 나이를 먹은 후에도 얼마든지 새로운 꿈을 꾸고 도전할 수 있다는 것을 알지 못했을 겁니다."

도전이라는 단어를 말하며 아이처럼 눈을 반짝이는 그에게 앞으로의 계획을 물었다. "실은 오래전부터 우리 지역 사회에 조금이나마 보탬이 되는 일을 하고 싶었습니다. 조만간 보육원이나 어린이 도서관 등에서 좀 더 많은 아이들에게 동화책도 읽어 주고 실질적인 도움도 줄 수 있는 봉사 활동을 하고 싶어요." 이 같은 계획을 실천하자면 지금부터 준비할 것이 아주 많다는 정삼용 씨. 은퇴 후 새롭게 열린 배움의 문이 그 자신은 물론 우리 사회를 희망으로 이끌고 있다.

## 1 이 글에서 소개하고 있는 사람은 누구입니까? (　　)

① 문화 센터에서 봉사 활동을 하는 사람
② 문화 센터에서 운동을 배우고 있는 사람
③ 문화 센터에서 오랫동안 수업을 들은 사람
④ 문화 센터에서 기타를 가르치고 있는 사람

## 2 이 글의 내용과 같으면 ○, 다르면 X 하십시오.

1) 정삼용 씨는 일흔 살부터 문화 센터에 다니기 시작했다. (　　)
2) 정삼용 씨는 현재 문화 센터에서 아이들에게 수업을 하고 있다. (　　)

방과 후 교실

## 3 정삼용 씨가 새로운 직업을 갖는 데 도움을 준 수업은 무엇입니까?

## 4 이 글을 읽은 사람의 반응으로 틀린 것을 고르십시오. (　　)

① "외국어를 배우려고 문화 센터에 다니는 사람들도 있는 것 같아."
② "동화 구연 지도사 자격증이 있으면 학교에서 가르칠 수 있나 봐."
③ "문화 센터에서 은퇴한 사람들에게 새로운 일자리를 소개해 준대."
④ "문화 센터에서 수업을 듣다가 직접 가르치는 사람이 될 수도 있구나."

**III. 정리해 봅시다**

지금까지 학교에서 공부한 것 외에 꼭 배우고 싶은 것이 있습니까? 그것을 배워서 무엇을 하고 싶습니까?

요리 수업

댄스 수업

스마트 기기 수업

바리스타 수업

# 복습

MP3 / 20

듣고 질문에 답하십시오.

1. '에듀테크(EduTech)'의 의미는 무엇입니까?

______________________________

2. 들은 내용과 같은 것을 고르십시오. (　　)

① 에듀테크는 특히 한국을 중심으로 발달했다.
② 에듀테크를 활용하면 학습자 맞춤형 교육이 가능하다.
③ 에듀테크는 한국에서 온라인 수업으로만 이용되고 있다.
④ 에듀테크는 대학 교육에서 가장 활발하게 활용되고 있다.

3. 이후에 이어질 내용으로 맞는 것을 고르십시오. (　　)

① 에듀테크의 미래
- 다양한 교육 서비스 등장
- 성인 교육과 평생 교육 분야로 확대
- 교수자와 학습자 간 상호 소통 기술 발전

② 에듀테크의 부작용
- 경제적 수준에 따른 교육 수준의 차이
- 스마트 기기 중독 현상 증가
- 공정한 평가의 어려움

③ 에듀테크의 활용 분야
- 독서 교육
- 교과 지식 교육
- 외국어 교육
- 코딩 교육

④ 에듀테크에서 활용하는 기술
- 인터넷
- 인공 지능
- 빅 데이터
- 가상 현실

화두가 되다　성장세　개인 맞춤형　판별하다　최적화되다　원활하다　상호 소통
수행하다

문화

# 조선 시대의 인성 교육

한국의 식사 예절을 이야기할 때 빠지지 않는 내용 중 하나는 윗사람이 식사를 시작할 때와 끝낼 때를 기다려야 한다는 것이다. 밥을 먹을 때조차 윗사람을 공경하는 마음을 지키고자 했던 것이다. 이처럼 한국에서는 윗사람에게 예의를 갖추는 것이 오랜 전통이었다.

조선 시대에 아이들에게 꼭 읽혔던 책인 『동몽선습』에도 장유유서라는 말이 나오는데 이는 모든 일에는 위아래가 있다는 뜻이다. 식사 예절과 마찬가지로 윗사람에 대한 예절을 강조하는 듯하지만 이 말을 자세히 들여다보면 윗사람 또한 아랫사람을 사랑과 너그러움으로 대해야 한다는 의미를 담고 있다. 다시 말해서 조선 시대에 인성 교육에서는 일방향적인 의무보다는 쌍방향적인 관계의 의미와 가치를 강조했던 것이다.

『동몽선습』에 나오는 또 다른 덕목인 부자유친, 군신유의, 부부유별, 붕우유신 역시 부모와 자식, 임금과 신하, 남편과 아내, 친구와 친구 사이의 관계에 대해서 이야기한다. 이처럼 조선 시대의 인성 교육은 단순히 어른들에게 예절을 지키는 것뿐만 아니라 사람 자체를 귀하게 여기고 관계 안에서 서로를 신뢰하고 사랑해야 한다는 것을 가르쳤다.

1. 조선 시대에 인성 교육에서 강조한 내용은 무엇입니까?

2. 여러분 나라에서는 전통적으로 교육에서 무엇을 강조했습니까?

장유유서 너그러움 일방향적 쌍방향적

# 09과 남성과 여성

## 1. 남성성과 여성성

MP3 / 21

• 학습 목표: 소설 속에 나타난 한국 여성의 직장 생활에 대한 글을 읽고 이해할 수 있다.

Ⅰ. 준비해 봅시다

1 남성이나 여성에 대한 편견에는 어떤 것이 있습니까? 여러분은 남성과 여성의 차이가 무엇이라고 생각합니까?

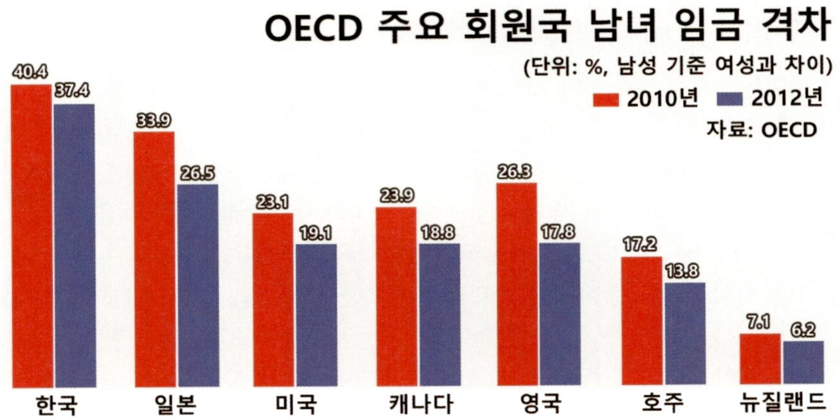


2 여러분은 남성이나 여성에 대한 불평등을 경험한 적이 있습니까? 직장에서 여성과 남성이 평등하게 일하고 있다고 생각합니까?

'유리 천장'이라는 말을 들어 보셨습니까? '유리 천장'이란 충분한 능력을 갖춘 구성원, 특히 여성이 조직 내에서 어느 정도의 직위 이상으로 오르지 못하게 하는, 보이지 않는 장벽을 은유적으로 표현한 말입니다. 이 말은 일반적으로 성별에 따른 차별을 의미하지만 넓은 의미로 본다면 학력, 인종, 지연에 따른 차별도 포함합니다.

천장 은유적 인종 지연

## Ⅱ. 읽어 봅시다

다음 글을 읽고 질문에 답하십시오.

직원이 50명 정도 되는, 업계에서는 꽤 규모 있는 회사였다. 관리직으로 갈수록 남성의 비율이 높지만 그래도 여직원이 더 많았는데 사람들은 적당히 개인적이고 적당히 합리적이고 사무실 분위기도 좋았다. 하지만 업무량이 많고 수당도 없는 야근과 주말 근무가 흔했다. 신입 사원은 김지영 씨까지 네 명이었는데 여자가 둘, 남자가 둘이었다. 휴학도 한 번 안 하고 졸업하자마자 사회생활을 시작한 김지영 씨의 나이가 가장 어려서 회사에서 말 그대로 막내였다.

김지영 씨는 아침마다 팀원들 자리에 취향에 맞춰 커피를 한 잔씩 타서 올려 놓았고 식당에 가면 자리마다 냅킨을 깔고 숟가락과 젓가락을 세팅했고 식사를 배달시킬 때면 수첩을 들고 다니며 메뉴를 정리해서 전화 주문하고 다 먹고 나면 가장 먼저 나서서 빈 그릇들을 정리했다. 팀의 막내는 매일 아침 신문 기사를 검색해 클라이언트와 관련된 내용을 스크랩하고 간단하게 코멘트를 달아 보고서를 만드는데 어느 날 보고서를 훑어본 팀장이 김지영 씨를 회의실로 불렀다.

김은실 팀장은 4명의 팀장 중 유일한 여자 팀장이었다. 초등학생 딸이 하나 있는데 친정어머니와 함께 살며 육아와 가사는 완전히 어머니께 맡기고 본인은 일만 한다고 들었다. 누군가는 멋지다고 했고 누군가는 독하다고 했고 누군가는 뜬금없게도 남편을 칭찬했다. 처가살이가 시집살이보다 고되다는 둥 요즘은 장서 갈등이 사회 문제라는 둥 하며 장모를 모시고 사는 걸 보면 만난 적은 없지만 김은실 팀장의 남편은 좋은 사람일 거라고 했다. 김지영 씨는 17년간 시어머니를 모시고 살았던 어머니를 생각했다. 할머니는 어머니가 미용 일을 하러 나간 동안 잠깐씩 막내를 봐주셨을 뿐 삼 남매를 먹이고 씻기고 재우는 등의 돌봄 노동은 전혀 하지 않으셨다. 다른 집안일도 거의 안 하셨다. 어머니가 차린 밥을 드시고 어머니가 빨아 놓은 옷을 입고 어머니가 청소한 방에서 주무셨다. 하지만 아무도 어머니에게 좋은 사람이라고 하지 않았다.

팀장은 보고서 파일을 돌려주며 칭찬했다. 계속 지켜봤는데 기사 선별하는 안목도 좋고 코멘트도 적절했다며 지금처럼 잘해 보라고 했다. 첫 직장, 첫 업무에서 처음으로 인정을 받았다. 김지영 씨는 팀장의 그 한마디가 앞으로 사회생활을 하며 장애물을 만날 때마다 얼마나 큰 힘이 될지 예감했다. 조금은 뿌듯해하며 조금은 자랑스러워하며 하지만 너무 드러내 놓고 좋은 기색은 하지 않으며 감사하다고 대답하자 팀장이 미소를 지으며 말했다.

"그리고 앞으로 내 커피는 타 주지 않아도 돼요. 식당에서 내 숟가락 챙겨 주지 말고 내가 먹은 그릇도 치워 주지 말아요."

"부담스러우셨다면 죄송합니다."

"부담스러워서가 아니라 김지영 씨의 일이 아니라서 그래요. 그동안 신입 사원을 받을 때마다 느낀 건데 여자 막내들은 누가 부탁하지도 않았는데 귀찮고 자잘한 일들을 다 하더라고.

업계　훑어보다　독하다　뜬금없다　처가살이　시집살이　고되다　장서 갈등　돌봄 노동

남자들은 안 그래요. 아무리 막내고 신입 사원이라도 시키지 않는 한 할 생각도 안 해. 근데 왜 여자들은 알아서 하는 사람이 되었을까."

직원이 세 명이던 시절부터 일했다고 한다. 회사가 커 가고 직원들이 함께 커 가는 것을 지켜보며 자신감과 자부심을 갖게 됐단다. 초창기에 함께 일했던 남자 동료들은 지금 자신처럼 팀장이 되었거나 큰 회사의 홍보부서로 들어갔거나 독립해서 회사를 차렸거나 아무튼 계속 일하고 있는데 여자 동료들은 남아 있지 않다고 했다.

김은실 팀장은 여자 같지 않다는 소리를 듣기 위해 회식 자리에 끝까지 남았고 야근과 출장도 늘 자원했고 아이를 낳고도 한 달 만에 출근했다. 처음에는 자랑스러웠는데 여자 동료와 후배들이 회사를 나갈 때마다 혼란스러웠고 요즘은 미안하다고 했다. 회식은 사실 대부분 불필요한 자리였고 잦은 야근과 주말 근무, 출장은 인원을 보강해야 하는 문제였다. 출산, 육아로 인한 휴가와 휴직도 당연한 것인데 후배들의 권리까지 빼앗은 꼴이 됐다. 관리 직급이 된 후로 가장 먼저 불필요한 회식이나 야유회, 워크숍 등의 행사를 없앴고 남녀 불문 출산 휴가와 육아 휴직도 보장했다. 회사 창립 이래 최초로 1년의 육아 휴직을 마치고 돌아온 후배의 책상에 꽃다발을 놓으며 느꼈던 감동을 잊지 못한다고 했다.

"그분이 누구신데요?"

"몇 달 만에 퇴사했어요."

잦은 야근과 주말 근무까지 팀장이 해결할 수는 없었다. 월급 대부분을 베이비시터에게 쏟고도 늘 동동거리며 이 사람 저 사람에게 아이를 부탁하고 남편과 매일 전화로 싸우고 급기야 어느 주말 아기를 업고 사무실에 나타난 후배는 결국 회사를 그만두었다. 미안하다는 후배에게 팀장은 어떤 말도 해 줄 수가 없었다.

(출처: 조남주, 『82년생 김지영』, 민음사(일부 재구성))

## 1 이 글의 종류는 무엇입니까? (　　)

① 수필　② 희곡　③ 소설　④ 평론

## 2 김은실 팀장에 대한 설명으로 맞는 것을 고르십시오. (　　)

① 회사의 여자 팀장들 중에서 가장 실력이 좋다.
② 시어머니께 육아와 가사를 맡기고 일을 하고 있다.
③ 회사의 성장보다는 자신의 성장에 더 관심이 많았다.
④ 여자 같지 않다는 소리를 듣고 싶어서 더 열심히 일했다.

뿌듯하다　드러내다　기색　자잘하다　초창기　보강하다

**3** 이 글의 내용과 같으면 ○, 다르면 X 하십시오.

**1)** 김은실 팀장은 회사의 귀찮고 자잘한 일을 여자 막내 신입 사원이 하는 것이 못마땅하다. (　　)
**2)** 김지영 씨는 김은실 팀장의 인정을 받고 기분 좋은 미소를 지었다. (　　)
**3)** 김지영 씨의 할머니는 일하는 며느리를 위해서 17년 동안 가사와 육아를 담당했다. (　　)

**4** 김은실 팀장이 관리 직급이 된 후에 가장 먼저 한 일은 무엇입니까?

1) ______________________________

2) ______________________________

**III. 정리해 봅시다**

여러분은 남녀평등을 위해서 어떤 노력을 합니까? 어떻게 하면 남녀가 평등하게 살 수 있는 직장, 학교, 사회를 만들 수 있을까요?

# 09과 남성과 여성

## 2. 연애와 결혼

MP3 / 22

• 학습 목표: 소설 속에 나타난 결혼 생활에 대한 글을 읽고 이해할 수 있다.

Ⅰ. 준비해 봅시다

1 결혼 후에 생길 수 있는 문제는 무엇일까요? 현명한 결혼 생활을 위해서 부부가 어떻게 노력해야 한다고 생각합니까?

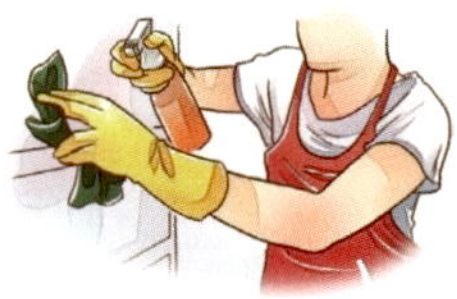

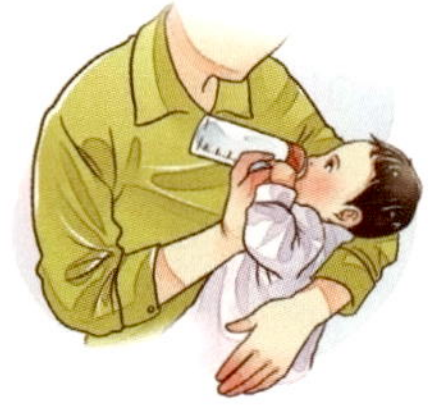

2 여러분 나라에서 결혼을 하지 않거나 늦게 하는 사람들이 많아지고 있습니까? 그 이유는 무엇일까요?

**연세일보**

**결혼하지 않거나 미루는 첫 이유, 남자 '주거 불안정' vs 여자 '독신 여유'**

한국인들은 기혼과 미혼 모두 결혼의 가장 큰 이점으로 배우자와 정신적으로 서로 기댈 수 있는 점을 꼽는 것으로 나타났다. 미혼 응답자들은 결혼의 가장 큰 단점으로는 개인의 삶이 축소되는 점을 꼽았다. 이에 반해 기혼 응답자들은 '아이를 가질 수 있다'(12.8%), '새로운 가족이 생긴다'(12.6%)를 미혼자들보다 훨씬 높은 비율로 결혼의 주요 이점으로 꼽았다.

주거 불안정 배우자 기대다 꼽다

## Ⅱ. 읽어 봅시다

다음 글을 읽고 질문에 답하십시오.

김지영 씨보다 조금 더 배가 부른 산부인과 의사는 다정하게 웃으며 핑크색 옷을 준비하라고 했다. 부부는 특정 성별을 선호하지 않았다. 하지만 어른들이 아들을 기다릴 것이 분명했고 배 속의 아이가 딸이라는 것을 아는 순간 앞으로 스트레스 받는 일이 많이 생길 것 같은 예감이 들어 약간 마음이 무거워졌다. 김지영 씨의 어머니는 대뜸 다음에 아들 낳으면 된다고 했고 정대현 씨의 어머니는 괜찮다고 했다. 그 말들은 조금도 괜찮지 않았다.

꼭 나이 든 사람들만의 얘기는 아니었다. 첫째가 딸이라 둘째 성별을 알기 전까지 조마조마했다는 얘기, 아들을 가져서 시부모님께 당당해졌다는 얘기, 배 속의 아이가 아들인 것을 알고 비싼 음식들을 마음껏 사다 먹었다는 얘기를 김지영 씨 또래의 사람들도 아무렇지 않게 했다. 김지영 씨는 나도 당당하고 먹고 싶은 음식 다 잘 먹고 있다고 그런 건 아이의 성별과 아무 관계가 없다고 말하고 싶었지만 왠지 열등감으로 보일 분위기라 그만두었다.

출산 예정일이 가까워 오면서 김지영 씨는 출산 휴가만 낼지, 육아 휴직을 할지, 퇴사할지 고민이 많아졌다. 나중에 퇴사를 하더라도 일단 육아 휴직을 쓸 수 있는 한 쓰면서 방법을 찾는 것이 김지영 씨에게는 최선이지만 회사와 동료들의 입장은 그렇지 않을 것이다. 김지영 씨와 정대현 씨는 아주 많이 이야기했다. 김지영 씨가 곧바로 복직할 경우, 1년의 육아 휴직 이후 복직할 경우, 복직하지 않을 경우, 이렇게 세 가지 상황에서 육아는 누가 전담할지, 비용은 얼마나 들지, 장점과 단점은 무엇인지를 커다란 종이에 차분히 정리해 갔다. 부부가 같이 일을 계속하는 한 아이를 아예 부산의 부모님께 맡기거나 입주 도우미를 들이는 방법밖에 없었다.

부산 부모님께 맡기는 것은 아무래도 무리일 듯했다. 부모님은 키워 주시겠다고 했지만 두 분 모두 나이가 많으신 데다 어머니가 최근 허리 디스크 수술까지 하셨다. 입주 도우미를 쓰는 것은 두 사람 모두 내키지 않았다. 입주 도우미는 아이를 돌보는 사람일 뿐 아니라 김지영 씨 가족의 모든 생활과 살림과 시간을 공유하는 사람이다. 아이만 잘 돌봐 줄 사람 구하기도 힘들다던데 함께 잘 살아갈 타인을 구하는 게 가능할까. 운 좋게 좋은 입주 도우미를 만난다 해도 그 비용이 만만치 않을 것이다. 게다가 언제까지? 혼자 학교도 가고 학원도 가고 저녁도 챙겨 먹으라고 할 수 있는 나이는 몇 살쯤일까? 그동안 얼마나 발을 동동거리고 불안해하고 죄책감을 느끼며 살아야 할까? 결국 부부 중 한 사람이 직장을 그만두고 아이를 돌보는 것으로 결론이 났고 그 한 사람은 당연히 김지영 씨였다. 정대현 씨의 직장이 더 안정적이고 수입이 많기도 하고 그런 모든 이유를 떠나 남편이 일하고 아내가 아이를 키우며 살림을 하는 것이 일반적이기 때문이다.

예상하지 못했던 것도 아닌데 그래도 김지영 씨는 우울해졌다. 정대현 씨가 김지영 씨의 축 처진 어깨를 도닥였다.

"애 좀 크면 잠깐씩 도우미도 부르고 어린이집도 보내자. 너는 그동안 공부도 하고 다른 일도 알아보고 그래. 이번 기회에 새로운 일을 시작할 수도 있는 거잖아. 내가 많이 도울게."

대뜸　또래　복직하다　전담하다　입주 도우미　허리 디스크　만만하다

정대현 씨는 진심이었고 그런 남편의 뜻을 잘 알면서도 김지영 씨는 불쑥 화가 났다.

"그놈의 돕는다 소리 좀 그만할 수 없어? 살림도 돕겠다, 애 키우는 것도 돕겠다, 내가 일하는 것도 돕겠다, 이 집 오빠 집 아니야? 오빠 살림 아니야? 애는 오빠 애 아니야? 그리고 내가 일하면 그 돈은 나만 써? 왜 남의 일에 선심 쓰는 것처럼 그렇게 말해?"

어려운 결정을 잘 마무리해 놓고 갑자기 화를 낸 것 같아 김지영 씨는 조금 미안했다. 당황한 얼굴로 더듬거리는 남편에게 먼저 미안하다고 말했고 정대현 씨는 괜찮다고 대답했다.

김지영 씨는 대표에게 퇴사하겠다고 말할 때도 울지 않았고 김은실 팀장이 나중에 꼭 같이 일하자고 할 때도 울지 않았다. 매일 조금씩 짐을 챙겨 나올 때도, 환송회 자리에서도, 마지막 퇴근길에도 울지 않았다. 퇴사 다음 날 출근하는 정대현 씨에게 우유를 데워 주고 배웅한 후 다시 침대에 들어갔다가 9시가 다 되어서 깼다. 지하철역 가는 길에 토스트 하나 사 먹어야겠다, 점심은 전주식당에서 비지찌개 먹어야지, 일이 일찍 끝나면 영화나 한 편 보고 들어갈까, 은행에도 들러서 만기가 된 예금 찾아야 하는데 생각하다가 이제 출근을 하지 않는다는 사실을 깨달았다. 일상은 예전과 달라졌고 달라진 일상이 익숙해질 때까지는 예측과 계획이 불가능할 것이다. 그제야 눈물이 났다.

(출처: 조남주, 『82년생 김지영』, 민음사(일부 재구성))

**1** 두 사람은 무슨 문제로 고민하고 있습니까? (　　)

① 출산 문제　② 복직 문제　③ 육아 문제　④ 퇴사 문제

**2** 김지영 씨에 대한 설명으로 맞는 것을 고르십시오. (　　)

① 배 속의 아이가 아들이기를 기대했다.
② 현실적인 육아 문제로 회사를 그만둔 것이 슬펐다.
③ 육아를 돕겠다는 남편의 마음이 진심이 아니어서 화가 났다.
④ 결혼 전부터 아이를 출산한 후 육아를 위해서 퇴사할 계획이었다.

동동거리다　죄책감　처지다　도닥이다　선심 쓰다　더듬거리다　만기

## 3 이 글의 내용과 같으면 ○, 다르면 X 하십시오.

1) 요즘은 나이 든 어른들만 아들을 더 선호한다. (  )
2) 남편이 일을 하고 아내가 가사와 육아를 돌보는 것이 일반적이다. (  )
3) 산부인과 의사는 배 속의 아이가 딸이라고 직접적으로 말해 줬다. (  )

## 4 김지영 씨가 출산한 후 부부가 계속 일을 하면서 아이를 키울 수 있는 두 가지 방법과 그 방법을 선택할 수 없는 이유를 쓰십시오.

| 방법 | 이유 |
|---|---|
| 부산의 부모님께 맡기는 방법 | 두 분 모두 나이가 많으셔서 |
| | 1) |
| 2) | 두 사람 모두 내키지 않아서 |
| | 3) |

**III. 정리해 봅시다**

여러분은 결혼이 꼭 필요하다고 생각합니까? 왜 그렇게 생각합니까?

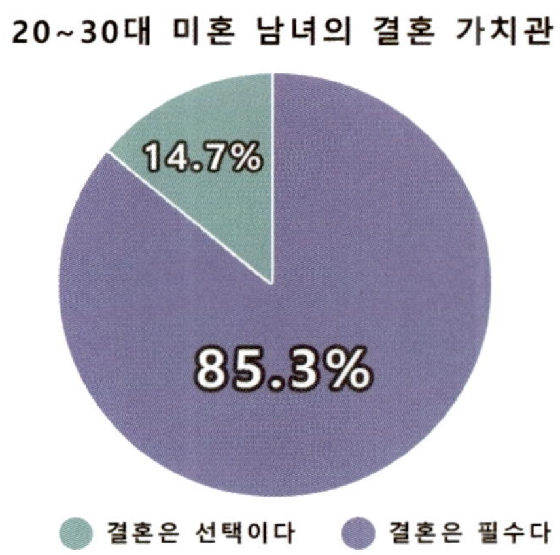

# 10과 가정과 사회

## 1. 출산과 육아

MP3 / 23

• 학습 목표: 출산과 육아에 대한 이야기를 듣고 이해할 수 있다.

### Ⅰ. 준비해 봅시다

**1** 여러분은 결혼을 하면 꼭 아이를 낳아야 한다고 생각합니까? 요즘 출산율이 낮아지는 이유가 무엇이라고 생각합니까?

아이를 낳고 싶지 않은 이유
(20~30대 미혼 남녀 2,000명 대상 설문 조사)

| 여성 | 순위 | 남성 |
|---|---|---|
| 경력이 단절될 것 같아서 | 1 | 경제적으로 부담이 되어서 |
| 경제적으로 부담이 되어서 | 2 | 좋은 부모가 될 자신이 없어서 |
| 육아를 잘할 자신이 없어서 | 3 | 치열한 경쟁 속에 키우기 싫어서 |
| 나에게 좀 더 집중하고 싶어서 | 4 | 나에게 좀 더 집중하고 싶어서 |
| 치열한 경쟁 속에 키우기 싫어서 | 5 | 일과 육아를 모두 잘할 수 없어서 |

**2** 여러분 나라에서는 주로 누가 육아를 담당합니까? 과거와 비교해서 육아에 대한 인식이나 모습은 어떻게 달라졌습니까?

**연세일보**

**요즘 육아의 풍경**

사회가 다변화되면서 육아의 모습도 예전과 달라지고 있다. 많은 가정에서 엄마가 혼자서 육아를 감당해야 하는 '독박 육아'의 문제는 여전하지만 최근 들어서 육아에 적극적으로 참여하는 '육아빠(육아하는 아빠)'들도 조금씩 증가하고 있다고 한다. 또한 맞벌이 부부를 대신해서 손주를 키워 주는 '조부모 육아·황혼 육아'도 늘어나고 있으며 이런 조부모들을 '할마(할머니 엄마)·할빠(할아버지 아빠)'라고 부르기도 한다.

II. 들어 봅시다

## [1] 듣고 질문에 답하십시오.

**1** 들은 내용과 같은 것을 고르십시오. (　　)

① 남자는 어머니의 잔소리 때문에 괴로워한다.
② 여자는 육아 때문에 회사를 그만두고 싶어 한다.
③ 남자는 아이의 나쁜 버릇 때문에 걱정하고 있다.
④ 여자는 어머니와 다른 양육 방식 때문에 힘들어 한다.

## [2~3] 듣고 질문에 답하십시오.

**2** 무엇에 대해서 이야기하고 있습니까? (　　)

① 저출산 문제를 극복한 사례
② 저출산과 고령화 문제의 관계
③ 저출산 문제의 원인과 해결 방안
④ 저출산이 미래 사회에 미치는 영향

**3** 들은 내용과 같은 것을 고르십시오. (　　)

① 한국의 저출산 문제는 지난해부터 특히 심각해졌다.
② 한국의 출산율은 앞으로 더 낮아질 것으로 예상된다.
③ 올해 처음으로 합계 출산율이 한 명 아래로 내려갔다.
④ 오이시디(OECD) 가입국 중 한국보다 출산율이 낮은 국가도 있다.

양육 방식　어제오늘의 일이 아니다　합계 출산율　가임기　하락세

[4~6] 다시 듣고 질문에 답하십시오.

**4** 이 대화에서 이야기한 저출산 문제의 원인으로 맞는 것을 고르십시오. (　　)

① 청년층의 주거 문제
② 가임기 여성 수의 감소
③ 출산 후 취업 기피 현상
④ 보육 지원 제도가 없는 현실

**5** 저출산 문제와 관련한 청년들의 인식과 <u>다른</u> 것을 고르십시오. (　　)

① 육아를 하면서 일을 계속하기가 쉽지 않다.
② 아이를 낳고 기르는 데 돈이 너무 많이 든다.
③ 우리나라는 아이를 키우기에 좋은 환경이 아니다.
④ 도시에 집이 없으면 결혼은 물론 출산도 하기 어렵다.

**6** 저출산 문제를 해결하기 위해서 제시된 방안 두 가지를 쓰십시오.

1) 제도적인 면: ______________________________

2) 의식적인 면: ______________________________

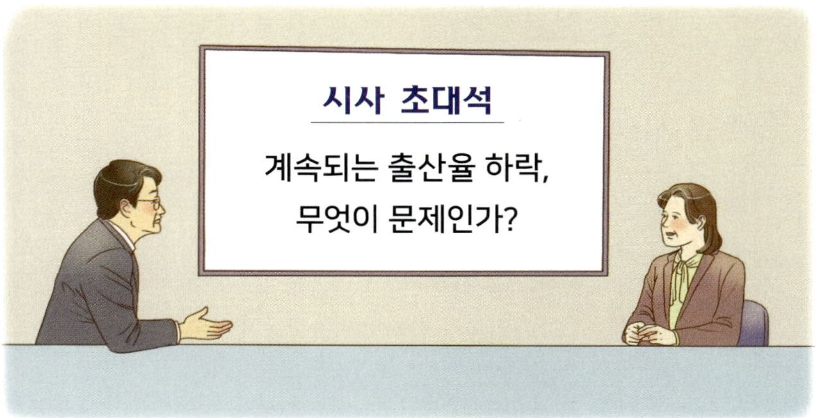


복합적이다　양육비　장기화되다　병행하다　고질적이다

II. 정리해 봅시다

아이를 키우기 좋은 나라를 만들기 위해서 꼭 필요한 제도나 서비스는 무엇이라고 생각합니까? 여러분 나라에는 어떠한 육아 지원 정책이 있습니까?

다양한 육아 지원 정책

| | |
|---|---|
| 근로 시간 단축 제도 | 초등학교 2학년 이하의 자녀를 둔 부모는 1일 1~6시간을 단축해서 근무할 수 있는 제도 |
| 아이 돌봄 서비스 | 만 12세 이하의 아동을 양육하는 데 도움이 필요한 가정에 정부의 아이 돌보미가 방문해서 양육 서비스를 제공하는 제도 |
| 보육료·학비 등 지원 | 어린이집·유치원에 다니는 유아의 보육료와 학비를 지원하고 가정에서 양육하는 경우 가정 양육 수당을 주는 제도 |
| 다자녀 가구 혜택 | 자녀가 셋 이상인 다자녀 가족에게 각종 세금을 감면해 주고 주택 구입 시 유리한 조건을 제공하는 제도 |

# 10과 가정과 사회

## 2. 가족 형태의 변화

MP3 / 24

• 학습 목표: 가족 형태의 변화에 대한 글을 읽고 이해할 수 있다.

### Ⅰ. 준비해 봅시다

1 여러분은 가족 관계에서 무엇이 가장 중요하다고 생각합니까? 현대 사회에서 가족에 대한 인식은 과거와 어떻게 달라졌습니까?

가족에 대한 인식 변화

(대한민국 성인 남녀 1,000명 대상 조사)

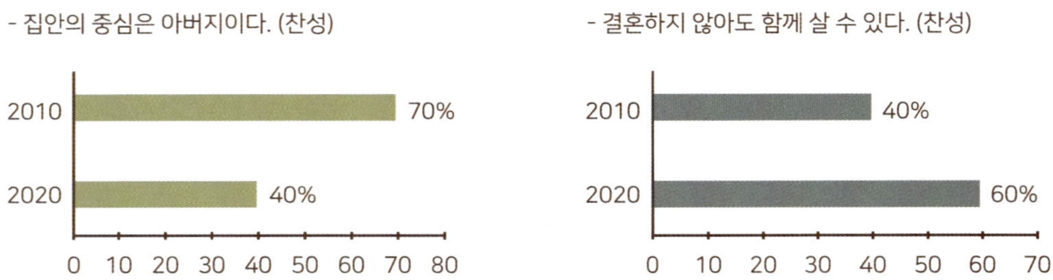


2 여러분 나라에서 이름의 성은 어떻게 결정됩니까? 만약 여러분이 선택할 수 있다면 누구의 성을 따르겠습니까?

**연세일보**

**"어머니의 성(姓)을 쓰면 안 돼요?"**

최근 여성가족부의 여론 조사 결과에 따르면 응답자의 약 70%는 자녀가 꼭 아버지의 성을 따를 필요는 없다고 생각하는 것으로 나타났다. 한국에서는 전통적으로 자녀가 아버지와 같은 성을 사용하는 '부성주의' 원칙을 지켜 왔으나 부부가 협의한 경우에는 어머니의 성을 물려줄 수도 있다. 그러나 한국의 전통적인 가족 문화에서는 아버지의 성을 따르는 것을 당연시해 왔기 때문에 이에 대한 세대 간, 가족 간 의견 대립은 여전히 큰 편이다.

II. 읽어 봅시다

다음 글을 읽고 질문에 답하십시오.

### 드라마 속에 담긴 가족의 모습

텔레비전 드라마는 시대의 모습을 반영한다. 그래서 드라마를 보면 그 시대의 모습을 읽을 수 있다. 시대가 변하면서 드라마에서 묘사하는 가족의 형태도 다양하게 변화되어 왔다. 즉 드라마 속에는 그 시대의 대표적인 가족의 모습과 가족에 대한 사람들의 인식이 담겨 있는 것이다.

1980년부터 2002년까지 방영된 한국의 최장수 드라마 '전원일기'는 농촌을 배경으로 전형적인 한국 대가족의 모습을 보여 주었다. 이 드라마에서는 할머니부터 증손주까지 무려 4대가 한 지붕 아래에서 살아간다. 집안의 최고 어른은 할머니이지만 가정의 대소사를 결정하는 가장은 아버지이다.

한국에서 여권 의식이 크게 신장되기 시작한 1990년대에는 이전과 달라진 사회의 모습과 새로운 가치관을 반영한 드라마들이 나오기 시작했다. 그중 대표적인 작품인 '사랑이 뭐길래'는 아버지의 말이 곧 법이라고 생각하는 가부장적인 집안에서 자란 남자와 자녀의 의사를 최대한 존중하는 민주적인 분위기에서 자란 여자가 결혼을 하게 되면서 생기는 다양한 사건과 갈등을 그렸다. 이 드라마에서 보여 준 갈등은 단순히 성장 배경이 다른 두 남녀의 갈등이 아니라 그 당시 한국 사회가 겪고 있던 전통적 가치관과 현대적 가치관 사이의 대립이라고도 할 수 있다.

2000년대에는 보다 다양한 모습의 가족들이 나타나기 시작했다. 먼저 2003년 방영된 드라마 '옥탑방 고양이'에서는 어쩔 수 없는 사정으로 부모님 몰래 함께 살게 된 젊은 남녀가 주인공으로 나온다. 결혼 전 동거에 대해서 보수적인 인식이 강했던 한국 사회에서 이 드라마의 인기는 이례적이었다. 그리고 이 드라마를 시작으로 한국 드라마에서는 혼전 동거나 계약 결혼과 관련된 소재를 자주 볼 수 있게 되었다.

한편 한국 사회에서 국제결혼이 증가하면서 국제결혼을 한 부부나 다문화 가정의 모습을 그린 드라마들이 만들어졌다. 드라마 '황금신부'는 한국인과 결혼해서 한국에 오게 된 베트남인 누엔 진주의 이야기이다. 이 드라마는 외국인이 한국에서 살아가는 어려움이나

묘사하다 방영되다 최장수 증손주 대소사 여권 의식 신장되다 성장 배경

서로 다른 문화로 인해 가족 간에 일어날 수 있는 다양한 갈등을 보여 주었다. 그 덕분에 한국 사회 내에서는 국제결혼 가정과 한국 생활을 하는 외국인들의 입장을 이해하고 어려움을 함께해야 한다는 여론이 형성되었다.

또한 한국 사회의 오랜 편견을 깨는 데 도움을 준 드라마들도 있다. 2007년 방영된 드라마 '고맙습니다'의 주인공은 에이즈에 걸린 어린 딸을 홀로 키우는 미혼모이다. 차가운 세상의 시선과 현실적인 어려움에도 불구하고 희망을 잃지 않고 씩씩하게 살아가는 주인공의 모습을 보며 많은 시청자들은 큰 감동과 함께 자신들이 가지고 있던 편견에 대해서도 되돌아보게 되었다. 약 10년 후 비슷한 소재로 방영된 '동백꽃 필 무렵' 역시 한국 사회의 편견과 차별에 당당하게 맞서는 미혼모의 모습을 보여 준다.

2016년 드라마인 '아이가 다섯'은 아내와 사별하고 두 아이와 함께 살아가던 한 남자와 이혼 후에 혼자서 세 아이를 키우게 된 여자의 재혼 과정을 그렸다. 같은 학교, 같은 반 친구인 두 가정의 아이들은 처음에는 부모의 재혼에 민감하게 반응했지만 결국 서로를 인정하고 화해하며 진정한 가족으로 거듭났다. 이혼과 재혼이라는 무거운 소재를 현실적이면서도 밝고 따뜻하게 그려냈다는 점에서 호평을 얻었던 작품이다.

이 밖에도 요즘의 한국 드라마에는 비혼 남녀의 이야기 또는 혈연관계가 아닌 사람들이 서로 어울려 한 가족이 되는 이야기 등이 자주 등장한다. 이는 모두 시대의 변화에 따라서 다양해진 가족의 모습을 보여 주고 있는 것이다. 아마도 이런 드라마들을 통해서 시청자들은 '나와 다른 삶'에 대한 이해의 폭을 넓힐 수 있을 것이다.

**1** 무엇에 대한 이야기입니까? (　　)

① 한국의 인기 드라마　　② 한국 드라마 속 가족 형태
③ 한국 드라마 속 가족 갈등　　④ 한국 가족 드라마의 문제점

**2** 이 글에서 언급되지 않은 가족의 형태를 고르십시오. (　　)

① 대가족　② 재혼 가족　③ 비동거 가족　④ 한 부모 가족

미혼모　사별하다　민감하다

## 3 이 글의 내용과 같으면 ○, 다르면 X 하십시오.

1) 드라마 속 가족 형태는 가족에 대한 사람들의 생각 변화를 반영한다. ( )
2) 드라마는 비현실적인 이야기이기 때문에 사회적 편견을 깨기 어렵다. ( )

## 4 이 글을 읽은 사람의 반응으로 맞는 것을 고르십시오. ( )

① "드라마를 통해서 세대 간 가치관 갈등도 엿볼 수 있는 것 같아."
② "드라마가 한 부모 가정의 어려움을 이해하는 데는 도움이 안 되지."
③ "드라마를 보면서 재혼 가정의 갈등을 더욱 무겁게 받아들일 수도 있겠다."
④ "드라마가 너무 외국인의 입장에서만 한국 사회를 비판하면 안 될 것 같아."

## III. 정리해 봅시다

현대 사회에 새롭게 출현한 가족의 형태는 무엇입니까? 여러분은 새롭게 등장하고 있는 가족의 형태에 대해서 어떻게 생각합니까?

반려동물 가족

비혼모·비혼부 가족

비혼 공동체 가족

노인 공동체 가족

# 복습

MP3 / 25

다음 글을 읽고 질문에 답하십시오.

**맞벌이 여성 하루 가사 노동 3시간 7분, 남성 54분**

맞벌이 가구 여성의 하루 가사 노동 시간은 남성 배우자의 3배가 넘는 것으로 조사됐다. 맞벌이 가구에서 아내의 가사 노동 시간은 3시간 7분, 남편은 54분인 것으로 나타났다. 가사 시간은 가정을 관리하고 가족과 가구원을 돌보는 시간을 모두 더한 것으로 맞벌이를 하면서 가사일을 하는 아내의 가사 노동 시간은 5년 전보다 6분 줄었고 남편의 가사 노동 시간은 13분 늘어났다. 심지어 외벌이 가구에서조차 여성은 혼자 생계 활동을 해도 남성보다 더 많은 가사 노동을 하고 있는 것으로 나타났다. 여성 외벌이 가구에서 아내의 가사 노동 시간은 2시간 36분, 남편은 1시간 59분이었으며 남성 외벌이 가구의 경우 아내가 5시간 41분, 남편이 53분 가사 노동을 하는 것으로 나타났다.

임금에서는 여성 근로자가 남성과 똑같은 시간을 일하더라도 남성의 69% 수준에 그치는 것으로 보고됐다. 지난해 기준 여성 임금 근로자의 시간당 임금은 16,358원으로 남성 근로자 임금인 23,566원의 69.4%인 것으로 조사됐다. 똑같은 시간을 일해도 여성이 남성의 69%밖에 임금을 받지 못하는 것이다.

한편 2019년 일과 가정생활 우선도 조사 결과에 따르면 둘 다 비슷하다고 응답한 비율이 여성은 49.5%, 남성은 40.3%로 나타났으며 일을 우선시하거나 일을 우선시하는 편이라는 응답은 각각 15%와 18.9%로 남녀 모두 가정생활을 중시하는 경향이 강화되고 있는 것을 알 수 있었다.

(출처: 통계청, 「2020 통계로 보는 여성의 삶」(일부 재구성))

1. 이 글의 내용과 같은 것을 고르십시오. (　　)

① 남녀 모두 일보다 가정생활을 더 중시하고 있다.
② 맞벌이 가구 여성의 가사 시간은 5년 전보다 13분 늘었다.
③ 여성 외벌이 가구에서 남편이 아내보다 더 많은 가사 노동을 한다.
④ 남성 외벌이 가구의 경우 아내의 가사 노동 시간이 남편보다 3배 정도 많다.

2. 여러분 나라의 맞벌이 가구에서는 남녀 간 가사 노동의 분담이 잘 이루어지고 있습니까?

맞벌이　외벌이　가구원　근로자　임금　경향

# 문화 하나가 된 두 사람을 위한 기념일 '부부의 날'

5월 21일은 부부의 날이다. 어린이날(5월 5일)과 어버이날(5월 8일) 등 가족과 관련된 행사가 많은 가정의 달인 5월에 두 사람(2)이 하나(1)가 된다는 의미로 21일을 부부의 날을 제정한 것이다. 부부의 날은 지난 2003년 민간단체인 '부부의 날 위원회'의 청원이 받아들여져 2007년 법정 기념일이 되었다. 그러나 어버이날과 마찬가지로 법정 공휴일에서는 제외됐다.

부부의 날에는 전국에서 부부 축제, 부부 음악제, 모범 부부 시상식 등 여러 기념행사를 한다. 부부 축제에서는 부부간 소통이 중요하다는 주제로 공감 소통법에 대한 강연도 열리고 서로에 대한 신뢰와 이해를 높이기 위한 다양한 대화 프로그램도 진행된다. 또 어린이집이나 유치원에서는 아이들에게 부부의 날의 의미를 가르쳐 주는 체험 프로그램을 운영하기도 한다.

이처럼 부부의 날은 부부가 서로의 사랑과 소중함을 확인하고 화목하고 행복한 가정을 이루기 위해서 노력할 것을 약속하는 날이다. 이와 더불어 핵가족이 보편화된 오늘날 가족의 의미와 가치를 다시 한번 생각해 볼 수 있는 날이기도 하다.

1. 5월 21일을 부부의 날로 정한 이유는 무엇입니까?

2. 여러분 나라에도 부부의 날과 같은 기념일이 있습니까?

제정되다 민간단체 청원하다 화목하다 보편화되다

부록

# 듣기 지문
# 모범 답안
# 색인

## 1과 <2> 언어 표현과 문화

### II. 들어 봅시다

**[1]**

"아 다르고 어 다르다."라는 속담이 있다. 이 속담은 같은 말이라도 말하는 대상이나 상황에 따라 표현을 잘해야 한다는 것을 비유적으로 한 말이다. 그런데 한국어에서는 글자 그대로 정말 모음 '아'를 쓰느냐 '어'를 쓰느냐에 따라서 또는 자음의 차이에 따라서 느낌이 달라지는 말들이 있다. '방긋'과 '벙긋', '솔솔'과 '술술', '콩콩'과 '쿵쿵' 또는 '꽁꽁' 같이 모양이나 소리를 흉내 내는 의태어나 의성어가 그렇다. 이런 말들은 기본적인 의미는 같고 느낌이 큰말과 작은말이라는 어감의 차이만 있다고 생각하기 쉬운데 실제로는 의미가 달라지고 각 단어가 쓰이는 상황도 다른 경우가 있다.

**[2~6]**

**진행자:** 안녕하십니까? 오늘은 한국어 공부를 시작한 지 일 년 이상 된 분들을 한자리에 모셔서 한국어를 공부하면서 느낀 어려움이나 재미있었던 경험에 대한 이야기를 들어 보려고 합니다. 여러분 모두 낯선 한국 생활에 적응하랴 공부하랴 바쁘게 지내셨을 것 같습니다. 이제 어느 정도 한국어 실력도 쌓았을 텐데 어떻습니까? 흐엉 씨부터 말씀해 주시겠습니까?

**흐엉:** 저는 실력이 있다는 말을 듣기엔 아직 부족한 점이 많습니다. 지금도 비슷비슷한 단어들 때문에 애를 먹고 있는 걸요. 아침, 점심, 저녁이 시간뿐만 아니라 식사를 의미하기도 한다는 건 일찍이 알았지만 밥, 식사, 끼니, 진지, 수라까지 같은 의미인데도 쓰이는 상황이 달라서 당황한 적이 있습니다. 갈수록 태산이라고 고급반으로 진급하니 '참여하다, 참가하다, 참석하다'와 같이 뜻이 비슷한 한자 단어들도 언제 어떻게 써야 할지 참 혼란스럽습니다. 존 씨는 어떠세요?

**존:** 저는 색깔 표현 때문에 당황스러웠습니다. 한국어에는 유난히 색을 나타내는 단어가 많더군요. 눈치로 대충 구별하지만 아직도 '누렇다'나 '파랗다'와 같은 말을 제대로 설명하기 어렵습니다. 여러분은 어떤 색을 보고 누렇다고 하는지 아세요? 그리고 신호등에서 분명히 녹색 불인데 파란불이라고 하는 한국 친구들이 많습니다. 처음에는 이상하게 느껴졌지만 이제는 저도 익숙해져서 그런지 녹색 불을 보고 그냥 파란불이라고 말하게 되었어요.

**마르텡:** 저도 생각나는 게 있는데 한 친구가 방금 왔다고 말했는데 다른 친구가 자기도 금방 왔다고 말하는 걸 들었습니다. 왜 단어를 거꾸로 말하는지 이상하게 생각한 적이 있습니다. 공부를 더 해 보니 막 왔다고 말할 수도 있고 이제 왔다고 말할 수도 있더라고요. 온 지 얼마 안 됐다고 표현해도 되고요. 한글은 정말 배우기 쉬운 문자인데 한국어는 정말 복잡한 말인 것 같습니다.

**진행자:** 네, 세 분의 말씀을 듣고 의미가 유사한 단어들 때문에 고생한다는 부분에 공감하는 분들이 많을 것 같습니다. 이렇게 여러분을 힘들게 하는 단어들도 있겠지만 여러분이 좋아하는 단어들도 있을 것 같습니다. 올리비아 씨는 어떠세요?

**올리비아:** 저는 한국어 발음의 귀엽고 부드러운 느낌이 좋아서 배우기 시작했는데 '졸졸 흐르는 시냇물', '아장아장 걷는 아기'에서처럼 졸졸, 아장아장 이런 표현들이 정말 귀엽고 예뻐요. 물이 졸졸 흐르는 모양이 눈앞에 그려지고 막 걷기 시작한 아기의 귀여운 모습이 떠오르는 단어지요. 유키 씨도 좋아하는 단어가 있으면 소개해 주세요.

**유키:** 제가 한국어를 공부하면서 좋아하게 된 말은 '곱다'예요. 이 단어는 말하는 사람도 듣는 사람도 행복하게 해 주는 것 같아요. 나이 드신 어르신들께 예쁘다고 하거나 아름답다고 말하는 게 좀 어색할 때 참 고우시다고 하면 왠지 품위가 느껴져요. 새 신부의 고운 손, 그녀의 고운 목소리, 한복의 고운 빛깔 이런 표현들이 특별하게 마음에 다가왔어요.

**리타오:** 저는 요즘 착하다는 단어가 마음에 들어요. 원래는 사람의 마음씨가 곱고 바르며 상냥하다는 뜻인데 언제부터인가 '착한 소비', '착한 가격' 이런 말이 유행하고 있어요. 그래서 저는 이런 말들이 착한 신조어라고 생각해요. 착하다는 건 어디에서나 가치 있는 말이니까요. 우리 중에 제일 오래 공부한 주앙 씨 말씀도 들어 보고 싶어요.

**주앙:** 저는 정이 들었다는 말이 참 좋습니다. 인간미가 느껴지는 따뜻한 표현이라는 느낌이 들거든요. 누가 저에게 정이 간다거나 정이 들었다고 말해 줄 때 제가 한국에 와서 지낸 모든 시간을 더 의미 있고 소중하게 만들어 주는 것 같았습니다.

**진행자:** 이야기를 들어 보니 여러분들은 이미 상당한 수준의 한국어 실력을 갖추고 있으시네요. 의성어, 의태어까지 소개해 주시고 고급스러운 어휘를 자연스럽게 구사하고 있지 않습니까? 어렵다고들 했지만 여러분의 불평 속에서도 한국어에 대한 관심과 사랑이 느껴졌습니다. 한국어를 배우는 여러분들이 한국어를 정확하게 배워서 한국어로 자유롭게 소통하고 상황에 꼭 맞는 좋은 표현을 골라서 쓰는 즐거움을 맛보셨으면 합니다. 그럼 이제 한국어를 공부하면서 재미있었던 일을 좀 이야기해 주시겠습니까?

## 2과 <2> 변화하는 언어

### II. 들어 봅시다

**[1]**

젊은이들은 신조어를 세련되고 재미있는 표현이라고 인식하고 있다. 신조어를 알고 자연스럽게 활용하는 것은 자신이 유행에 뒤처지지 않았다는 것을 증명하는 수단인 것이다. 신조어를 모른다는 것은 바로 친구들 사이에서 '문찐', 다시 말해서 유행에 느리다는 뜻의 '문화 찐따' 취급을 당하게 된다는 것을 의미한다. 과거엔 청소년들의 전유물로 여겨졌던 은어나 유행어 사용이 지금은 2030 세대에게까지 매우 폭넓게 퍼져 있다. 이들은 신조어를 사용하는 것이 시대에 뒤처지지 않으며 유행을 즐기는 하나의 방법이'라고 말한다. 또 이 같은 신조어를 통해 젊은 감성도 즐길 수 있다. 한편 기성세대는 자녀 세대나 대중 매체를 통해 접하는 신조어에 대해 당황스러움을 넘어 소외감까지 느낄 때가 종종 있다고 한다. 그런데 이처럼 세대 간의 소통이 단절될 것을 우려하는 목소리도 있지만 신조어가 한국어를 파괴한다기보다는 언어 사용에 새로운 자극을 주고 언어 활동을 풍부하게 하는 긍정적인 기능을 가지고 있다고 보는 견해도 있다.

[2~6]

**사회자:** 지금까지 신조어를 사용하는 젊은이들에 대한 방청객 여러분의 반응을 들어 봤습니다. 우리말의 정체성을 잃을까 봐 걱정스럽다는 말씀도 있었고 젊은이들의 재치 있는 생각을 엿볼 수 있어서 재미있게 사용하고 싶다는 말씀도 해 주셨습니다. 지금부터는 조금 다른 측면에서 우리가 우리 글인 한글을 어떻게 사용하고 있는지 이야기해 보겠습니다. 이 교수님 어떻게 생각하십니까?

**이 교수:** 요즘 대중문화의 한류 바람을 타고 한식, 한글까지 전 세계에 알려지고 있습니다. 세계적으로 인기를 얻은 한국 가수의 노래를 한국어로 따라 부르는 외국인들을 보셨지요? 어렸을 때 우리 세대가 팝송을 따라 불렀던 것처럼 수많은 해외 팬들이 한국어로 된 노래를 부르며 그 가사의 뜻을 이해하려고 노력하는 모습을 보게 되었습니다. 그래서인지 세계 여러 나라에서 한국어와 한글에 대한 관심이 여간 높은 게 아닙니다. 인도, 터키 같은 나라에서도 한국어를 제2 외국어로 채택해서 가르친다니 정말 자랑스럽습니다.

**최 교수:** 하지만 우리 한국에서는 실망스러운 현실을 볼 수 있지 않습니까?

**사회자:** 무슨 말씀이신지 구체적으로 설명해 주시겠습니까?

**최 교수:** 얼마 전 뉴스에서 한 아파트를 소개했는데 그 아파트의 경로당은 시니어스 클럽, 독서실은 스터디 센터, 경비실은 서비스 센터라고 써 있는 겁니다. 우리말이 없는 것도 아닌데 굳이 영어를 사용하면서 우리말을 밀어내고 있습니다. 외국인들이 찾는 대표적인 전통 거리인 서울의 인사동도 예외가 아닙니다. 한 외국인은 영어권 나라가 아닌 나라에서 이렇게 많은 영어를 본 적이 없다면서 놀라워했습니다. 우리가 이렇게 우리말과 글을 외면하는데 한글과 한국어가 해외에서 사랑을 받은들 무슨 의미가 있겠습니까?

**이 교수:** 요즘 같은 국제화 시대에 우리나라를 찾는 외국인 관광객이 많으니까 그 정도는 필요한 배려라고 볼 수 있지 않습니까?

**최 교수:** 광고물은 원칙적으로 한글로 표기해야 하고 외국 문자로 표기할 경우에는 특별한 사유가 없으면 한글과 함께 써야 합니다. 영어를 쓰고 싶다면 최소한 한글과 함께 쓰는 노력이라도 해야지요. 영어만 쓰여 있는 간판이 지나치게 많습니다. 이런 현상들이 영어 사대주의에 빠진 게 아니라고 말할 수 있을까요? 영어 남용은 외국어 남용의 대표적인 사례라고 봅니다.

한 시민 단체에서 조사한 결과를 보면 정부의 공문서나 교육 기관에서도 영어나 불필요한 한자어들이 무분별하게 쓰여서 무슨 내용인지 시민들이 정확하게 이해하기 어렵다고 합니다. 가능하면 우리말로 순화시켜서 시민들의 눈높이에 맞추고 불필요한 외국어 사용을 자제해야겠습니다.

**사회자:** 네, 말씀 잘 들었습니다. 한글과 한국어가 세계적인 관심의 대상이 됐지만 오히려 우리말을 외면하고 지나치게 외국어를 많이 사용하는 현상에 대해 말씀해 주셨습니다. 그렇다면 최 교수님께서 앞으로 어떤 노력이 필요한지 말씀해 주시겠습니까?

**최 교수:** 저는 문제가 되는 현상들을 어떻게 개선할 수 있을까 생각해 봤습니다. 소중한 우리말과 글을 바르게 지켜야 할 텐데요. 언어생활에 가장 큰 영향을 미치는 건 방송이 아닐까 싶습니다. 한 조사에 의하면 우리 국민들의 텔레비전 시청 시간이 하루 평균 3시간 이상이라고 합니다. 텔레비전뿐만 아니라 라디오, 인터넷 방송을 접하는 시간까지 합하면 방송이 중요한 언어 환경이라는 것은 부정할 수 없는 사실입니다. 남녀노소 누구나 접하는 방송 매체들이 어떤 역할을 할 수 있을지 생각해 봐야 할 것 같습니다.

## 3과 <1> 음식 속의 과학

### II. 들어 봅시다

[1]

한국에서는 늦은 가을이 되면 '김장'을 합니다. 김장은 겨울 동안 먹을 김치를 한꺼번에 많이 담그는 것을 말합니다. 예전에는 겨울철에 신선한 채소를 구하기 어려웠기 때문에 겨울이 오기 전에 가족과 이웃들이 함께 모여 정을 나누면서 김장을 했습니다. 그리고 담근 김치를 서로 나누어 먹기도 했습니다. 이러한 '김장 문화'는 2013년 12월 유네스코 인류 무형 문화유산으로 등재되었습니다. 물론 김치가 건강에 좋은 발효 식품이라는 점과 보관성을 높인 음식이라는 점은 부정할 수 없는 사실입니다. 하지만 김치 대신에 '김장 문화'가 유네스코 인류 무형 문화유산으로 등재된 이유는 김장 문화의 공동체 정신과 나눔의 문화가 높이 평가받은 듯싶습니다.

[2~6]

**사회자:** 안녕하세요? 국내에 거주하는 외국인들과 함께 세계 각국의 문화에 대해서 알아보는 '외국인들의 수다' 시간입니다. 오늘 여러분과 함께 발효 음식에 대해서 같이 이야기를 나누어 보려고 합니다. 여러분도 아시다시피 사실 김치는 한국의 대표적인 발효 음식입니다. 혹시 여러분은 김치를 즐겨 드십니까?

**레오:** 네, 저는 김치를 아주 좋아합니다. 처음에는 너무 맵기도 하고 냄새 때문에 익숙하지 않아서 먹기가 어려웠는데 이제는 밥을 먹을 때 김치가 없으면 뭔가 허전합니다. 얼마 전에는 하숙집 아주머니께서 김장을 하실 때 제가 배추 절이는 것을 도와드리기까지 했습니다.

사회자: 김장에 대해서도 알고 계시는군요. 레오 씨, 프랑스의 발효 음식을 소개해 주시겠습니까?

레오: 네, 여기 계신 모든 분들이 다 아시겠지만 프랑스 하면 미식의 국가 아니겠습니까? 프랑스의 대표적인 음식인 와인과 치즈가 모두 발효 음식입니다. 프랑스뿐만 아니라 유럽에서도 프랑스산 치즈가 정말 인기가 많고 김치만큼 종류도 다양합니다. 카망베르 치즈를 비롯해서 브리 치즈 등 400여 종의 다양한 치즈가 생산되고 있습니다. 프랑스 와인도 대표적인 발효주인데 각 지역에 따라서 맛과 향이 다릅니다. 아, 그리고 크루아상 역시 이스트를 넣어서 발효시켜 구운 것이니까 발효 과정을 거친 음식이라고 할 수 있습니다.

사회자: 레오 씨의 말씀을 들어 보니까 프랑스 사람들도 일상생활에서 발효 음식을 즐기는 것 같습니다. 그럼 다른 분들 중에서 여러분 나라의 발효 음식을 소개해 주실 분이 계십니까?

흐엉: 네, 저는 베트남에서 온 흐엉입니다. 저는 우리나라의 조미료를 소개하고 싶습니다.

사회자: 조미료요? 흐엉 씨, 그런데 오늘은 발효 음식을 소개하는 시간인데요.

흐엉: 네, 알고 있습니다. 제가 소개하고 싶은 조미료는 생선으로 만든 발효 조미료이거든요.

사회자: 아, 그렇군요. 소개해 주시겠습니까?

흐엉: 네, 제가 소개하고 싶은 베트남의 대표적인 발효 음식은 '느억맘'입니다.

사회자: '느억맘', 발음이 좀 어렵네요.

흐엉: 네, 느억(nuoc)은 베트남어로 물, 맘(mam)은 소금에 절여서 발효시킨 생선이나 고기를 말합니다. 느억맘은 생선을 발효시킨 조미료입니다. 주로 멸치나 새우 같은 작은 생선에 소금을 넣어서 발효시킨 후 맑은 물만 걸러서 사용하죠. 베트남에서 음식의 간을 맞출 때 없어서는 안 될 정말 중요한 조미료입니다. 음식의 감칠맛을 더해 주거든요. 사회자님, 그게 이름이 뭐죠? 한국에서 김치를 담글 때 쓰는 생선으로 만든 소스 있잖아요?

사회자: 혹시 액젓을 말씀하시는 건가요?

흐엉: 네, 맞아요, 느억맘은 한국의 액젓과 비슷하다고 할 수 있습니다. 느억맘은 만드는 지역에 따라 조금씩 차이가 있는데 북부 지역에서 만든 느억맘은 담백하면서 깊은 맛이 나고 남부 지역에서는 야자수를 넣어서 좀 더 부드러운 맛이 납니다.

사회자: 아, 그렇군요. 느억맘이 없으면 음식을 만들 수 없을 정도로 베트남에서 흔하게 사용하는 조미료인가 봅니다. 게다가 한국의 김치처럼 지역에 따라서 다양한 특징을 가지고 있는 것도 매우 흥미롭습니다. 프랑스와 베트남의 발효 음식에 대해서 이야기를 들어 봤는데 또 말씀해 주실 분 계신가요?

유키: 네, 저는 일본에서 온 유키입니다. 우리나라의 대표적인 발효 음식은 미소입니다. 일본의 미소도 한국의 된장처럼 콩으로 만드는데 주재료는 같지만 발효 과정이 다릅니다. 미소는 발효시킬 때 누룩을 넣습니다. 그리고 제가 미소와 된장을 비교해 봤을 때 맛도 조금 다른 것 같습니다. 한국의 된장이 좀 더 짜고 맛이 더 깊은 반면에 일본의 미소는 한국의 된장보다는 좀 더 달고 맛도 부드러운 것 같아요.

사회자: 아, 미소를 만들 때 누룩이 들어간다고요? 몰랐던 사실이네요. 저는 미소도 한국의 된장처럼 만드는 줄 알았거든요.

유키: 네, 미소와 된장은 비슷하면서도 다른 점이 많습니다. 아, 그리고 얼마 전 일본 히로시마 대학에서 진행된 연구에 따르면 미소는 폐암, 위암, 유방암의 발병률을 감소시킨다고 합니다. 미소를 꾸준히 먹으면 암 위험을 최대 50~54%까지 감소시킨다고 하니까 여러분도 건강을 위해서 미소를 즐겨 드셨으면 좋겠습니다.

사회자: 아, 그렇군요. 발효 음식에 대한 소개뿐만 아니라 건강에 좋은 정보까지 주셔서 정말 감사합니다. 오늘 여러 나라에서 오신 외국인분들과 발효 음식에 대해서 이야기를 나누어 보았습니다. 각 나라의 발효 음식이 일상생활에서 떼려야 뗄 수 없는 소중한 음식 문화로 자리를 잡은 것 같습니다. 아마 발효 음식은 발효 과정을 거치면서 건강에 유익한 성분들이 생길 뿐만 아니라 맛과 향도 더 깊어지기 때문이 아닐까 생각을 해 봅니다. 맛도 좋고 건강에도 좋은 발효 음식을 드시고 여러분도 건강을 챙기셨으면 좋겠습니다. 지금까지 함께해 주셔서 감사합니다.

## 4과 <1> 인체와 질병

### II. 들어 봅시다

**[1]**

현대인들에게 큰 고민거리 중의 하나가 바로 비만입니다. 우리가 살이 쪘다고 표현하는 비만은 정상보다 많은 지방이 몸에 쌓인 것을 말합니다. 살이 많이 찌면 왜 건강에 안 좋을까요? 일단 비만이 되면 몸을 움직이기가 힘들어집니다. 과도한 지방은 심장을 압박해서 숨쉬기가 힘들어지고 호르몬에도 영향을 줍니다. 혈액 속에 지방 성분이 많아지면 고혈압이나 당뇨병, 심혈관 질환 등 여러 가지 질병에 걸릴 위험이 높아집니다. 하지만 비만이 나쁘다고 무조건 굶는 다이어트는 건강을 해칠 수 있습니다. 평소에 운동을 꾸준히 하면서 식단 관리도 제대로 하고 스트레스를 받지 않도록 노력한다면 어느 정도 비만을 예방할 수 있다고 봅니다.

**[2~6]**

진행자: 여러분, 안녕하십니까? 건강 라디오 시간입니다. 오늘은 한국 대학 병원 김진규 박사님을 모시고 대사 증후군의 증세와 예방법에 대해서 알아보도록 하겠습니다. 박사님, 안녕하십니까?

김 박사: 네, 안녕하십니까?

진행자: 박사님, 오늘 소개해 주실 대사 증후군은 어떤 질환입니까?

**김 박사:** 한국인 4명 중 1명에게서 흔하게 나타나는 질환입니다. 염분이 높은 가공식품이나 패스트푸드를 자주 섭취하는 식습관과 운동 부족이 원인입니다. 잘못된 생활 습관을 가진 현대인에게 몸이 보내는 경고라고 할 수 있습니다.

**진행자:** 구체적으로 대사 증후군이 무엇입니까?

**김 박사:** 대사 증후군은 복부 비만, 고혈압, 당뇨병, 고지혈증, 심혈관 질환, 이 다섯 가지 중에서 세 가지 이상의 증세가 한 개인에게 한꺼번에 나타나는 증세를 말합니다. 대사 증후군을 앓고 있으면 심혈관 질환이 발생할 확률이 2배 증가하고 당뇨병이 발생할 확률이 10배 이상 증가한다는 연구 결과가 보고되기도 했습니다.

**진행자:** 대사 증후군이 생기면 증상은 어떻습니까?

**김 박사:** 사실 대사 증후군은 초기에 증상이 크게 나타나지 않아서 더욱 위험한데 지속되면 혈관 건강을 악화시켜서 뇌졸중, 심장병 등 각종 성인병의 원인이 됩니다. 우리나라 사망 원인 1위인 암을 제외하고 2, 3, 4위가 뇌혈관계 질환, 심혈관계 질환, 당뇨병인 만큼 대사 증후군은 우리 생명과 직결되어 있다고도 할 수 있습니다.

**진행자:** 박사님, 앞에서 대사 증후군의 증상이 크게 나타나지 않는다고 말씀하셨는데요, 혹시 집에서 자가 진단해 볼 수 있는 방법은 없을까요?

**김 박사:** 네, 사실 정확한 진단은 병원에서 혈압과 혈당, 혈액 검사를 받으셔야 하지만 복부 비만 검사로도 진단해 볼 수 있습니다. 집에서 줄자를 가지고 허리둘레를 재어 보시면 됩니다. 이때 배꼽으로부터 손가락 한 마디 위를 측정하시면 되는데 남자의 경우 90cm이상, 여자는 85cm이상일 경우 복부 비만으로 봅니다.

**진행자:** 그럼 이런 대사 증후군을 예방하기 위해서는 어떻게 해야 할까요?

**김 박사:** 본인의 성별, 나이, 키에 적합한 체중을 유지하기 위해서 규칙적인 운동을 하는 것이 중요합니다. 대사 증후군은 초기에 발견하면 식습관 개선과 운동으로 충분히 치료될 수 있기 때문입니다.

**진행자:** 운동은 어느 정도 하면 좋을까요?

**김 박사:** 무리한 운동은 오히려 노약자나 비만 환자들에게는 해가 될 수 있습니다. 일주일에 3회 이상 땀이 조금 날 정도의 운동을 30분 이상 하는 것이 좋습니다. 걷기, 계단 오르기, 자전거 타기와 같은 생활 속 운동과 수영, 줄넘기 등의 유산소 운동을 추천합니다.

**진행자:** 올바른 식습관도 중요하다고 말씀하셨는데 주의해야 할 음식과 대사 증후군을 예방할 수 있는 음식이 있습니까?

**김 박사:** 네, 아무래도 염분이 높고 고지방인 음식 그리고 설탕, 흰쌀, 흰 밀가루가 많이 든 음식은 가능하면 섭취를 줄이는 것이 좋고 비타민과 미네랄이 풍부한 음식, 채식 위주의 식단으로 식사를 하는 것이 좋습니다. 또한 대사 증후군을 개선하는 데 도움을 준다고 알려져 있는 비타민 디(D)를 섭취하거나 햇볕을 쬐는 활동을 하는 것도 도움이 됩니다.

**진행자:** 오늘은 김진규 박사님을 모시고 대사 증후군에 대해서 알아봤습니다. 많은 분들께 도움이 되셨기를 바랍니다. 지금까지 건강 라디오였습니다.

## 3~4과 <복습>

지금부터 제주도를 방문하는 외국인 관광객들의 제주도 향토 음식에 대한 선호도 조사 결과를 발표하도록 하겠습니다.

먼저 조사 동기를 말씀드리겠습니다. 제주도는 섬이라는 특수성을 가지고 있어서 서울이나 다른 도시와는 구별되는 특색 있는 음식 문화를 지니고 있습니다. 또한 최근 외국인들에게 인기 여행지로 각광을 받고 있는 만큼 제주도의 향토 음식에 대한 관심이 높아지고 있습니다.

이에 제주도 향토 음식에 대한 외국인들의 인지도와 선호도를 파악하기 위해서 지난 7월 1일부터 8월 31일까지 제주도 공항 및 제주도 관광 명소에서 제주도를 방문한 외국인 관광객 300명을 대상으로 대면 조사를 실시했습니다.

국적별로 살펴보면 중국인 관광객이 제주도 방문 외국인의 58.1%를 차지해 가장 많았으며 그 뒤를 이어 대만 5.6%, 일본 5.4%, 말레이시아 4.4%, 태국 3.4% 순으로 나타났습니다.

성별로 살펴보면 남자는 26.1%, 여자는 73.9%로 여자가 남자보다 많았습니다. 제주도 향토 음식에 대한 인지도, 먹어 본 경험 및 기호도 조사 결과에 따르면 흑돼지구이 95.4%가 가장 높았으며 그 다음으로는 전복 돌솥밥 53.1%, 전복구이 47.2% 순으로 나타났습니다.

제주도 재방문 시 다시 먹고 싶은 음식이 뭐냐는 질문에 '흑돼지구이'라고 응답한 대상자는 47%, 141명으로 가장 많았습니다. 이 결과를 보면 '흑돼지구이'가 외국인 관광객들에게 선호도가 가장 높은 음식인 것을 알 수 있었습니다.

제주도 향토 음식에 대해 알게 된 경로는 '인터넷'이 65.5%, 201명으로 가장 높았으며 제주도 향토 음식에 대한 설명이 필요하다고 응답한 대상자는 69.4%, 제주도 향토 음식을 홍보해야 한다고 응답한 대상자는 81.1%로 나타났습니다.

앞의 내용을 종합해 보면 제주도 향토 음식 중 일부 음식을 제외하고는 대부분이 인지도가 낮은 것으로 나타났으나 제주도 향토 음식을 먹은 경험이 있는 대상자들은 음식에 대한 관심도와 기호도가 높은 것으로 나타났습니다.

인터넷뿐만 아니라 안내 서적이나 홍보 책자 등을 배포해서 적극적으로 홍보한다면 제주도 향토 음식의 대중화에 도움이 될 거라고 생각됩니다. 앞으로 제주도 향토 음식을 즐길 수 있는 관광 코스를 개발한다거나 제주도 향토 음식 체험관 등을 설치한다면 제주도는 경관뿐만 아니라 식도락도 즐길 수 있는 세계적인 관광 도시가 될 수 있을 것입니다. 이상으로 발표를 모두 마치겠습니다. 끝까지 들어 주셔서 감사합니다.

(출처: 오요, 고양숙, 『제주 향토 음식 인지도 및 기호도 실태조사』(일부 재구성))

## 5과 <2> 과학과 윤리

### II. 들어 봅시다

**[1]**

**발표자:** 안녕하세요? 저는 오늘 요즘 화제가 되고 있는 유전자 편집 기술에 대해서 간단히 소개하고자 합니다.

최초의 유전자 편집은 1972년 미국의 생화학자 폴 버그에 의해서 이루어졌는데요. 그는 서로 다른 두 개의 개체로부터 얻은 바이러스에서 DNA를 추출해서 새롭게 조합하는 데 성공하여 유전 공학의 기초를 세웠습니다.

식물의 경우에는 유전자 편집 기술을 이용한 유전자 변형 식품이 이미 우리 생활 깊숙이 들어와 있습니다. 식량 문제를 해결해 줄 수 있다는 점에서 과학계는 이러한 유전자 변형 식품에 대해서 호의적입니다. 그리고 문제를 일으킨다는 증거도 아직까지 없습니다. 하지만 오랜 기간 이용했을 때 인간에게 어떤 영향을 줄지 예측할 수 없기 때문에 여전히 우려되는 부분이 남아 있습니다. 그리고 생태계 전체에 미치는 영향 또한 확실하게 알 수 없습니다.

동물 실험의 경우에는 예측할 수 없는 변이가 많고 인간도 동물이기 때문에 느끼는 심리적 부담이 커서 발전이 느린 편입니다. 얼마 전 20년 동안 안전성을 평가한 후 유전자 변형 연어가 시장에 나왔다고 합니다. 또 변형 유전자의 형질을 후대에 빠르게 전달할 수 있는 '유전자 드라이브(drive)'라는 기술을 이용하면 모기 같은 유해 곤충을 불임으로 만들어서 영원히 없앨 수도 있다고 합니다.

이상으로 제 발표를 마치겠습니다. 들어 주셔서 감사합니다.

**[2~6]**

**진행자:** 세계의 과학을 한눈에 보는 '과학 시대' 시간입니다. 오늘은 유재호 기자와 함께하겠습니다. 어서 오세요.

**기자:** 안녕하세요?

**진행자:** 오늘은 어떤 소식을 준비하셨습니까?

**기자:** 여러분은 키우던 반려동물을 먼저 떠나보내게 된다면 어떠실 것 같습니까? 최근 우리나라 10가구 가운데 3가구가 반려동물과 함께 살고 있는데요. 반려동물이 세상을 떠난 후 우울함을 느끼는 펫로스(pet loss) 증후군을 겪는 사람들도 그만큼 많아졌다고 합니다. 실제로 반려동물을 잃은 후 1년 안에 20% 이상이 펫로스 증후군을 겪는다는 연구 결과도 있습니다.

**진행자:** 하긴 반려동물을 키우는 사람들의 입장에서는 가족을 잃은 것과 같은 슬픔을 느낄 수밖에 없을 것 같습니다.

**기자:** 그래서인지 최근 사랑하는 반려동물과 이별해야 하는 상황에서 복제를 선택하는 사람들이 늘고 있습니다. 반려동물을 실제 복제했던 사람들은 복제 개가 죽은 개와 겉모습은 물론 행동까지 비슷하다고 만족해 합니다.

**진행자:** 그렇군요. 자신의 반려견을 사랑하는 사람들에게는 정말 반가운 소식이겠네요. 하지만 중요한 건 반려동물들의 의지잖아요. 그걸 인간이 확인할 방법이 없기 때문에 결국에는 이게 인간의 욕심이 아니냐는 비판을 받을 수밖에 없을 것 같은데요.

**기자:** 네, 동물 보호 단체들이 반려견의 복제를 반대하는 이유가 거기에 있습니다. 사람이 마음대로 생명을 만들고 또 가볍게 여긴다는 비판과 함께 난자를 얻거나 자궁에 이식하는 과정에서 수많은 개가 희생되고 있다고 주장합니다. 논란은 또 있습니다. 특정 유전자를 제거하거나 조작하는 유전자 편집 기술에 관한 건데요. 이 기술로 인해 어떤 부작용이 생길지 아직까지는 아무도 모른다는 점입니다.

**진행자:** 말씀하신 대로 유전자 편집 기술로 복제한 동물에게는 돌연변이나 장애가 생길 수 있다고 학계에서 계속 경고를 해 왔잖아요. 그런데 이게 법적으로는 아무 문제가 없다면서요?

**기자:** 나라별로 조금 차이가 있습니다. 많은 나라에서 동물 복제는 제한하지 않지만 유전자 편집 기술은 기초 연구에 대해서만 허용하고 있습니다. 하지만 인간 배아를 이용한 유전자 교정 연구는 거의 모든 국가에서 엄격하게 금지하고 있습니다.

그런데 몇 년 전, 한 과학자가 유전자 편집을 거쳐서 쌍둥이 여아를 출산시키는 데 성공했다고 발표한 일이 있었습니다. 실험을 진행한 과학자는 아기가 에이즈에 걸리지 않도록 유전자를 편집했다고 밝혔는데 세계 과학계는 안전성 검사를 거치지 않고 인간 유전자를 마음대로 조작한 이 연구를 강하게 비난했습니다.

**진행자:** 질병을 막을 수 있다면 아기에게 좋은 일인데 왜 논란이 되었습니까?

**기자:** 한마디로 말하면 맞춤 아기의 탄생을 우려하기 때문입니다. 유전자 편집 기술을 이용해서 외모나 지능에 관여하는 유전자를 마음대로 조작한다면 이는 과학적인 안전성뿐만 아니라 생명에 대한 윤리까지 생각해야 할 문제이기 때문입니다. 따라서 전 세계적으로 이 문제에 대한 합의가 이루어져야 한다는 분위기입니다.

**진행자:** 우려되는 점이 한두 가지가 아니군요.

**기자:** 하지만 법적 제한이 강화되면 기존의 연구마저 축소될까 봐 제한을 반대하는 목소리도 있습니다. 관련 기술이 유전 질환을 치료하고 예방하는 중요한 열쇠인 만큼 유전자 편집은 반드시 필요하다는 견해입니다.

**진행자:** 쌍둥이 여아 사건을 계기로 세계 보건 기구(WHO)가 유전자 편집에 관한 기준을 만들기로 했다는데요. 전 세계적인 합의를 거쳐서 기준을 마련하려는 노력이 무엇보다도 필요한 때인 것 같습니다. 동물 복제나 유전자 조작에 대한 논란은 앞으로도 오랜 기간 지속될 것 같습니다. 오늘 소식 잘 들었습니다. 고맙습니다.

## 6과 <1> 인터넷과 사생활

### II. 들어 봅시다

**[1]**

**남자:** 윤아 씨, 왜 그래요? 오늘따라 표정이 어둡네요.

**여자:** 아, 에릭 씨. 실은 제가 좋아하는 가수의 에스엔에스 비공개 계정이 해킹돼서 오늘 기사가 많이 났거든요.

**남자:** 저도 그 기사 봤어요. 항상 자기 마음속에는 팬들뿐이라고 하더니 비공개 계정에는 여자 친구하고 찍은 사진이 제일 많았다면서요?

**여자:** 네, 그랬대요. 그런데 제가 속상한 건 그것 때문이 아니에요.

**남자:** 그것 때문이 아니라고요? 그럼 뭐 때문에 이렇게 기분이 안 좋아요?

**여자:** 아무리 연예인이라고 해도 남들과 공유하고 싶지 않은 부분이 있을 텐데 이렇게 사생활까지 공개되는 모습을 보니까 마음이 아파요. 일부 팬들은 팬으로서 당연히 알 권리가 있다고 하는데 그건 개인의 사생활을 존중하지 않는 태도인 것 같아요.

**남자:** 맞아요. 누구에게나 사생활을 보호 받을 권리가 있지요. 여자 친구 사진 얘기부터 꺼냈던 게 부끄러워지네요.

**[2~6]**

**사회자:** 시청자 여러분, 안녕하십니까? 오늘 '시사 토론'에서는 최근 논란이 되고 있는 '개인 정보 익명 처리법'에 대해서 이야기를 나눠 보겠습니다. 오늘 이 자리에 한국 대학교 컴퓨터공학과 이민호 교수님과 한국 인권 보호 협회 회장 김지원 변호사님 두 분을 모셨습니다. 먼저 이 교수님께서 이 법에 대해서 간단히 설명해 주시겠습니까?

**교수:** 네, 안녕하십니까? 한국 대학교 이민호입니다. '개인 정보 익명 처리법'은 말 그대로 인터넷에서 수집된 개인 정보를 익명으로 처리하여 활용한다는 법입니다. 지금까지는 기업이나 연구 기관 등에서 개인의 동의를 얻은 정보만 활용할 수 있었는데 이 정보를 익명으로 처리한다면 더 이상 개인의 허락을 구할 필요가 없다는 것입니다. 즉, 개인의 동의가 없어도 익명으로 처리된 개인 정보를 국가와 기업의 연구나 여러 공익적인 목적으로 사용할 수 있게 되는 것입니다.

**사회자:** 네, 그렇군요. 그런 목적으로만 사용한다면 큰 문제가 없을 것 같기도 한데 이 법에 대한 논란이 지금처럼 뜨거운 이유는 무엇일까요? 김지원 변호사님께서는 어떻게 보고 계십니까?

**변호사:** 앞서 말씀하셨다시피 이 정보가 공익적인 목적으로만 사용된다면 큰 문제가 없을 수도 있습니다. 하지만 아무리 개인의 이름을 익명으로 처리한다고 해도 그것은 완벽한 익명일 수 없습니다. 인터넷에는 이미 너무 많은 개인 정보가 노출되어 있기 때문에 누군가 마음먹고 그 정보의 주인이 누구인지 찾고자 한다면 분명 찾을 수 있을 것입니다.

**사회자:** 익명으로 처리된 정보라도 그 정보의 주인이 누구인지 찾을 수 있다는 말씀이시군요. 이 교수님, 전문가 입장에서 이런 우려에 대해서 어떻게 생각하십니까?

**교수:** 솔직히 말씀드리면 기술적으로 아주 불가능한 이야기는 아닙니다. 복잡한 과정을 거쳐야 하기는 하지만 노출된 정보가 많으면 많을수록 그 정보들을 조합해서 정보의 주인을 다시 식별해 낼 수는 있습니다. 그러나 정부에서는 이미 이처럼 누군가의 정보를 의도적으로 조합하는 것을 불법으로 보고 이에 대한 처벌 규정도 마련한 것으로 알고 있습니다.

**변호사:** 글쎄요, 지금까지 일어난 모든 유출 사고가 법적 처벌이 없어서 일어난 일이었을까요? 정부에서 아무리 관련된 법을 만들고 처벌을 강화해도 개인 정보 유출 사고를 완전히 막을 수는 없었습니다. 그리고 이런 사고가 발생하고 나서 처벌을 한들 무슨 소용이 있습니까? 가장 심각한 문제는 이 같은 불완전한 시스템 안에서 수많은 개인의 신상 정보가 아무런 동의 없이 퍼져나갈 수 있다는 점입니다. 나도 모르는 사이에 내 정보가 어느 기관 또는 기업에 남겨지고 그것이 인터넷 여기저기에 떠돌아다니게 된다면 그 피해 규모는 지금까지의 개인 정보 유출 피해 그 이상이 될 것입니다.

**교수:** 변호사님 말씀도 분명 일리가 있습니다만 상황을 너무 부정적으로 보시는 측면도 있는 것 같습니다. 애초에 개인 정보를 익명으로 처리해서 활용하려던 이유는 이 같은 정보가 나라 발전이나 국민 생활에 큰 도움이 될 수 있다는 판단에서였습니다. 현재 우리나라는 수많은 정보 데이터를 저장해 놓고 있으면서도 개인 정보 보호법에 막혀 이를 10%도 활용하지 못하고 있습니다. 그런데 이런 정보들을 적극적으로 활용하게 된다면 막대한 이익을 얻을 수 있을 것입니다. 예를 들어 정부는 이 정보를 가지고 국민들에게 꼭 필요한 공공 정책을 개발할 수 있습니다. 또 의료 기관에서는 이 정보를 기초 자료로 삼아 새로운 의료 기술이나 신약을 개발할 수 있습니다. 산업 분야에서도 앞으로 사람들이 필요로 할 기술이나 제품을 미리 예측하여 이를 연구하고 개발할 수 있을 것입니다.

**변호사:** 결국 교수님 말씀은 개인 정보 보호보다는 나라 전체의 발전이나 경제적 성장이 더 중요하다는 의미로 들리는군요. 하지만 누군가는 피해를 입을 가능성이 남아 있는 상황에서 국가나 경제적인 이익을 먼저 생각하는 것이 과연 윤리적으로 옳은 일일까요? 개인 정보 보호를 위한 충분한 보완책을 제시하지 않고서는 국민의 지지를 기대하기 어려울 것입니다.

**사회자:** 지금까지 '개인 정보 익명 처리법'을 둘러싼 찬성과 반대 입장을 들어 봤습니다. 시대의 흐름에 맞게 나아가면서도 윤리적으로 옳은 방향을 고민하는 것은 이제 우리 모두의 과제가 된 것 같습니다. 오늘 두 분 말씀 정말 감사합니다.

## 7과 <2> 한국의 교육열

### II. 들어 봅시다

**[1]**

**남자:** 윤아 씨, 한국 학생들은 정말 그렇게 사교육을 많이 받아요?

**여자:** 갑자기 무슨 얘기예요?

**남자:** 오늘 어학당에서 한국의 사교육 열풍에 대해서 배웠는데 한국 아이들은 어린 시절부터 여러 가지 사교육을 받는다는 이야기를 듣고 깜짝 놀랐어요.

**여자:** 한국은 교육열이 높은 나라잖아요. 또 치열한 경쟁을 뚫고 좋은 대학에 입학하자면 그만큼 많은 준비가 필요한 게 사실이에요.

**남자:** 그래도 아직 한글도 잘 모르는 아이들을 영어 유치원에 보내서 영어 공부에 대한 스트레스까지 받게 하는 건 바람직하지 못한 것 같아요.

**여자:** 글쎄요. 사실 저도 영어 유치원을 졸업했는데 어릴 때부터 영어를 자연스럽게 접한 덕분에 학교에 다니는 내내 영어에 자신감을 가질 수 있었어요. 영어를 잘하니까 대학에 와서도 아르바이트를 할 때나 인턴십에 지원할 때 더 많은 기회를 얻을 수 있었고요.

**남자:** 윤아 씨에게는 영어 유치원 교육이 큰 도움이 됐군요.

**여자:** 네, 학부모나 아이 모두에게 부담이 되는 과도한 사교육은 문제가 될 수 있지만 모든 사교육을 부정적으로 봐서는 안 될 것 같아요.

**[2~6]**

(소리) 방청객들의 환호와 박수 소리.

**김은영 박사:** 여러분, 안녕하세요? '김은영의 TV 상담소'를 진행하고 있는 교육 심리 전문가 김은영입니다. 지금 방청석에는 어린이와 청소년 자녀를 둔 학부모님들이 함께 자리하고 계십니다. 그런데 여러분, 여러분 중에서 자녀들에게 사교육을 한 번도 안 시킨 분이 계신가요?

(소리) 방청객들의 멋쩍은 웃음소리

**김은영 박사:** 네, 맞습니다. 한국 사회에서 자녀에게 사교육을 전혀 시키지 않는다는 것은 정말 어려운 일이지요. 또 자녀의 미래를 위해서 가능한 많은 교육적 혜택을 받게 해 주고 싶은 것이 바로 부모의 마음일 것입니다. 그런데 이런 우리의 마음이 때로는 아이들을 너무 힘들게 하고 있는 건 아닌지 생각해 봐야 하지 않을까요? 오늘 저는 여러분에게 실제로 제가 맡았던 두 가지 상담 사례를 보여 드리고자 합니다. 첫 번째는 6살 아이를 키우고 있는 한 학부모님의 이야기입니다. 화면을 함께 보시지요.

(소리) VCR 열리는 효과음

**어머니:** 저희 서준이는 6살이에요. 원래 말도 잘하고 굉장히 똑똑한 편이었는데 지난달부터 갑자기 말문을 닫았어요. 무슨 말에도 대답을 안 해요. 과외 선생님들이 오시기만 하면 도망치듯이 방문을 닫고 들어가 버리고요.

**김은영 박사:** 혹시 서준이한테 무슨 일이 있었나요?

**어머니:** 아니요. 날마다 유치원에 갔다 와서 책 읽고 공부하는 것 말고는 특별한 일이 없었어요. 그래서 제가 더 답답해요.

**김은영 박사:** 서준이는 집에서 무슨 공부를 해요?

**어머니:** 우선 유치원이 끝나고 집에 오면 매일 과외 선생님들이 오세요. 영어, 한글, 수학, 음악, 미술 이렇게 하고 있어요. 그리고 저하고 밤 열 시나 열한 시까지 배운 것들을 복습하거나 책을 읽다가 자고요.

**김은영 박사:** 주말에는 어때요? 좀 놀게 하세요?

**어머니:** 그럼요. 태권도 학원이나 수영 학원에 가서 충분히 놀아요.

**김은영 박사:** 그런 거 말고 서준이가 스스로 선택하는 놀이는 없어요?

**어머니:** 일정이 좀 빡빡해서….

**김은영 박사:** 어머님, 방금 말씀하신 것처럼 서준이의 하루 일과는 6살 아이에게는 너무 벅찬 것 같아요. 서준이는 지금 지친 거예요. 아직 어려서 감정 표현이 서투르니까 말문을 닫는 것으로 그걸 표현한 거고요.

**어머니:** 그렇다고 아무것도 안 할 수는 없잖아요. 서준이 또래의 친구들도 다 그렇게 하고 있는데 서준이만 아무것도 안 하다가 뒤처지면 어떡해요?

**김은영 박사:** 다른 아이들이 아니라 서준이를 보셔야지요. 모든 아이들은 그 아이만의 재능과 흥미와 학습 속도가 있어요. 다른 아이들과 비교하지 말고 서준이가 원하는 것이 무엇인지 생각해 보세요. 너무 조급하게 생각하지 마시고요.

(소리) VCR 전환되는 효과음

**김은영 박사:** 다음은 한 고등학생과 상담한 사례를 보시겠습니다.

**예서:** 저는 제가 너무 싫어요. 저희 집은 경제적으로 넉넉하지 않아서 저희 아빠는 제 학원비를 버신다고 오래전부터 밤늦게 대리운전을 하셨어요. 회사에서 퇴근하면 대리운전을 하러 나가시는 거예요. 제가 지금 고2인데 고3이 되면 과외를 더 받게 하겠다고 엄마도 시간이 날 때마다 식당에서 아르바이트를 하세요. 어렸을 때는 몰랐는데 지금은 그런 부모님의 모습을 볼 때마다 너무 미안하고, 또….

**김은영 박사:** 미안하기도 하고 부담스럽기도 하겠어요.

**예서:** 네. 제가 어렸을 때부터 부모님께서 유명한 학습지에다가 과외도 많이 시켜 주셨어요. 지금도 학원을 세 개나 다니고요. 그런데 전 한 번도 반에서 10등 안에 든 적이 없어요. 이 성적으로 명문대는 꿈도 못 꿔요. 사실 명문대에 꼭 가고 싶은

것도 아니에요. 그런데 엄마는 날마다 우리 예서가 스카이(SKY)만 들어가면 소원이 없겠다고 노래를 부르세요. 식당에 일하러 나가시는 엄마를 보면 저는 공부가 재미없다는 말을 못하겠어요.

**김은영 박사:** 예서는 뭘 하고 싶어요?

**예서:** 사실 저는 미용에 관심이 많아요. 어렸을 때부터 손재주 좋다는 얘기도 많이 들었어요. 미용 쪽으로 더 배워 보고 싶은데 고생하는 엄마 아빠를 보면서 마음을 접었어요. 그런데 시험 볼 때마다 너무 부담이 돼서 그런지 자꾸 손이 떨리고 아는 것도 생각이 안 나고 그래요.

**김은영 박사:** 그동안 정말 힘들었겠어요. 그런데 예서가 꼭 기억해야 할 것이 있어요. 아빠, 엄마가 그렇게 열심히 일하시는 이유는 예서가 행복하길 바라시기 때문이에요. 예서가 이렇게 힘들어 하는 걸 아신다면 부모님도 마음이 아프실 거예요. 그러니까 우선은 부모님께 솔직해져야 해요. 예서가 무엇 때문에 괴로운지, 또 뭘 원하는지 부모님과 마음을 터놓고 이야기하세요.

(소리) VCR 종료되는 효과음

**김은영 박사:** 여러분, 어떠십니까? 우리 자녀들의 모습, 그리고 학부모인 여러분 자신의 모습을 되돌아보게 되지는 않으셨습니까? 아이들이 아파하고 있는데도 아이들을 위해서 사교육을 시키고 있다는 말을 할 수 있을까요? 물론 모든 사교육이 다 나쁜 것은 아닙니다. 그러나 우리 아이가 어떤 잠재력을 가진 아이인지, 무엇을 원하는지 정확히 알지 못하고서 그저 남들 하는 대로 좇아만 가는 사교육은 반드시 부작용을 불러올 수밖에 없습니다. 자, 그럼 이제부터 우리 부모님들께서 아이들의 특성을 좀 더 잘 이해하고 아이들과 효과적으로 소통할 수 있는 방법에 대해서 이야기를 나눠 보도록 하겠습니다.

## 8과 <1> 인성 교육

### II. 들어 봅시다

**[1]**

**교수:** 안녕하십니까? '미래를 위한 교육학' 수업에 오신 여러분을 진심으로 환영합니다. 아마 '미래를 위한 교육학'이라는 거창한 제목이 궁금해서 이 수업을 선택하신 분들도 있을 것 같은데요, 교육학을 전공하고 있는 여러분은 미래 사회에 꼭 필요한 교육이 무엇이라고 생각하십니까?

**학생들:** (침묵)

**교수:** 네, 역시 대답을 안 하시는군요. 일단 언제 어디서나 당당하게 자신의 의견을 밝힐 수 있는 용기를 좀 가르쳐야 하지 않을까요?

**학생들:** (웃음)

**교수:** 농담이 아니라 요즘에는 이렇게 적극성, 자발성을 비롯해서 창의적인 문제 해결 능력, 원활한 의사소통 능력 등을 키워 주는 교육이 강조되고 있습니다. 그리고 또 한 가지 중요한 사실은 이처럼 마음의 힘, 생각의 힘을 길러 주는 교육을 인성 교육의 주요 내용으로 본다는 것이지요. 과거의 인성 교육이 효와 예절을 가장 강조했다면 현재의 인성 교육은 우리 아이들이 스스로 자신의 내면을 건강하게 가꾸고 타인, 공동체, 자연과 함께 살아가는 데 필요한 태도를 갖추도록 교육하는 것을 목표로 하고 있습니다. 따라서 이번 학기 강의에서는 인성 교육의 내용과 방향에 대해서 많은 이야기를 나누어 보고자 합니다.

**[2~6]**

**진행자:** 여름 방학을 맞이하여 청소년들을 대상으로 한 다양한 체험 프로그램이 열리고 있습니다. 오늘은 그중에서도 우리 청소년들의 마음을 환하게 밝혀 준다는 한 인성 캠프에 대한 소식을 전해 드립니다. 한초롱 기자입니다.

**기자:** 오랜만에 답답한 교실을 벗어난 학생들의 표정이 어느 때보다 밝습니다. 다양한 지역에서 모인 30명의 청소년들이 3박 4일 동안 함께 생활하며 내면의 힘을 키우는 '밝은 마음 인성 캠프'의 현장입니다. 전통 문화와 예절 교육에 초점을 맞췄던 기존의 인성 캠프와 달리 이 캠프는 청소년 개개인의 고민과 갈등, 앞으로의 희망에 대해서 이야기하는 자리입니다. 캠프에 참가한 학생들의 이야기를 들어 보겠습니다.

**여학생:** 처음에는 엄마가 가라고 해서 그냥 생각 없이 왔는데요, 여기서 딱 하루 지내고 나니까 벌써 마음이 가벼워졌다는 게 느껴져요. 첫날 이름표 만들기 프로그램을 했는데 선생님께서 제 진짜 이름 옆에 마음을 표현하는 말 중에 가장 좋아하는 단어를 쓰라고 하셨거든요. 그래서 제 이름 이슬기하고 '기쁨'이라는 단어를 썼는데 친구들이 '이슬기 기쁨, 이슬기 기쁨'이라고 불러 주는 것만으로도 기분이 좋아지더라고요. 저도 친구들을 '김민주 행복', '최석진 용기' 이렇게 불러 봤는데 친구들이 더 가깝게 느껴지기도 하고 긍정적인 단어 덕분인지 이름만 불러도 서로 응원해 주고 있다는 생각이 들었어요.

**남학생:** 저는 어제 저녁에 했던 명상 프로그램이 가장 기억에 남아요. 저에게 중요한 것 세 가지를 떠올려 보고 그것에 대한 제 감정을 느껴 보는 시간이었어요. 저는 저에게 중요한 것으로 가족, 친구, 성적을 꼽았는데 그 단어들에서 느껴지는 감정에 집중해 보니 가족에게는 부담감이, 친구에게는 질투심이, 성적에는 두려움이 몰려오더라고요. 처음 생각과는 다르게 부정적인 감정들이 올라와서 처음에는 많이 당황했어요. 그런데 차분히 마음을 가라앉히고 내가 왜 그런 감정을 강하게 느끼는지 생각해 보니까 항상 남의 시선에 신경 쓰

고 남들보다 뒤처지지 않을까 불안해했던 제 자신이 보였어요. 명상을 하면서 제 마음을 좀 더 분명하게 바라보고 부정적인 감정들을 모두 털어 낼 수 있었던 것 같아요.

**기자:** 이처럼 학생들은 이번 인성 캠프를 통해서 그동안 의식하지 못했던 자신의 마음을 새롭게 발견하고 있습니다. 부정적인 마음은 비우고 긍정적인 마음은 강화할 수 있다는 것이 이 캠프가 지닌 장점입니다. 그렇다면 이렇듯 청소년들의 마음을 밝고 강하게 키워 주고자 하는 이 캠프는 언제 어떤 계기로 시작되었을까요?

**인성 지도사:** 음, 제가 인성 지도사로서 이 캠프를 진행한 지도 벌써 10년 정도 됐습니다. 예전 인성 교육에서는 아이들이 지켜야 하는 예절이나 도덕을 많이 강조했는데 아이들에게는 사실 윗사람과의 관계뿐만 아니라 친구와의 관계, 또 자기 자신과의 관계도 정말 중요하잖아요. 그동안 우리 사회에서 많이 이야기됐던 학교 폭력이나 왕따, 인터넷 게임 중독, 청소년 우울증과 같은 문제도 바로 이 관계들을 건강하게 맺지 못한 탓에 발생한 경우가 많았고요. 그런 상황으로 인해 십여 년 전부터 교육 현장에서는 지치고 아픈 아이들의 마음을 위로하면서 긍정적인 마음도 키워 줄 수 있는 교육이 필요하다는 이야기가 많이 나왔어요. 그런데 공교육 안에서는 막상 이런 프로그램을 진행하기가 쉽지 않았습니다. 그래서 뜻을 함께하는 교육학자들과 현장 교사들, 또 청소년 지도사들이 모여서 바로 이 '밝은 마음 인성 캠프'를 기획하게 됐지요. 이 캠프를 진행하면서 하루하루 밝아지는 청소년들의 모습을 보는 것이 가장 큰 보람입니다.

**기자:** 네, 그럼 아이들의 변화를 가장 가까이에서 체감할 수 있는 학부모님들의 만족도는 어떨까요?

**학부모:** 저는 정말 깜짝 놀랐어요. 3박 4일이 지나고 아이를 데리러 갔는데 표정에서부터 완전히 다른 아이가 되어 있는 거예요. 늘 찡그린 표정으로 "짜증나. 스트레스 받아." 이런 말을 입에 달고 사는 아이였는데 캠프가 끝나고는 "엄마!" 하고 웃으면서 저한테 달려오더라고요. 진짜 기쁘다 못해 눈물이 다 날 정도였다니까요. 이 경험을 계기로 저도 아이들의 마음을 잘 살펴봐 주고 아이와 서로의 마음, 감정에 대한 대화를 많이 해야겠다는 생각이 들었어요.

**기자:** '밝은 마음 인성 캠프'는 청소년의 마음을 밝혀 준다는 취지로 시작됐지만 청소년은 물론 주변인의 마음까지 밝혀 주고 있습니다. 앞으로도 우리 청소년들의 마음을 건강하게 지켜 주고 우리 사회의 모습을 보다 밝게 그려 나가도록 하는 다양한 인성 교육 프로그램이 나오기를 기대합니다. 지금까지 YBS 뉴스 한초롱이었습니다.

## 7~8과 <복습>

**발표자:** 안녕하십니까? 오늘 발표를 맡은 교육학과 3학년 진혜영입니다. 오늘 저는 최근 몇 년간 교육 분야에서 화두가 되었던 '에듀테크(EduTech)'에 대해서 이야기하고자 합니다. 먼저 에듀테크의 의미에 대해서 말씀드리겠습니다. 에듀테크란 교육을 의미하는 에듀케이션과 기술을 의미하는 테크놀러지가 결합된 단어로서 교육 서비스에 인터넷, 인공 지능, 빅 데이터 등 정보 통신 기술을 활용하는 것을 말합니다.

이미 많은 사람들이 참여하고 있는 온라인 수업과 인터넷 교육 영상 및 게임, 교육용 스마트폰 앱 등이 그 예입니다. 에듀테크 산업은 미국에서 먼저 발달하기 시작했지만 현재는 세계 모든 국가에서 가파른 성장세를 보이고 있습니다. 한국에서는 특히 사교육 시장을 중심으로 빠르게 발전했는데 기존의 수업을 온라인으로 실시하는 인터넷 강의뿐만 아니라 인공 지능 기술을 활용한 개인 맞춤형 교육까지도 가능한 것이 큰 특징입니다. 좀 더 구체적으로 말씀드리자면 학습자의 학습 속도와 수준을 판별해서 학습자에게 최적화된 학습 내용을 제공하거나 학습자가 자주 틀리는 문제 유형 등을 분석해 주는 것입니다. 이러한 기술은 아동과 청소년을 대상으로 하는 교육 시장에서 큰 인기를 끌고 있습니다.

대학 교육에서는 온라인 강의를 보다 원활하게 진행하기 위한 도구로서 에듀테크를 활용하고 있습니다. 이제 대학의 온라인 수업에서는 실시간 강의는 물론 온라인 강의 안에서 교수와 학습자, 학습자와 학습자 간 상호 소통도 가능합니다. 교수님들 역시 에듀테크 덕분에 학습자 평가 및 성적 처리 등 복잡한 업무를 좀 더 효율적으로 수행할 수 있게 됐다고들 하십니다.

이와 같이 국내의 에듀테크 서비스는 처음에 유아와 청소년을 대상으로 하는 교육과 대학 교육에서 주로 활용됐는데 현재는 외국어 학습 등 성인 교육과 평생 교육 분야에서도 점차 다양한 서비스들이 등장하고 있습니다.

이러한 에듀테크는 가르치는 사람과 배우는 사람 모두 쉽고 편리하게 교육의 전 과정에 참여하도록 할 뿐만 아니라 학습자가 효과적이고 효율적으로 학습할 수 있도록 돕는다는 장점이 있습니다. 그러나 한국에서는 에듀테크 산업이 사교육 시장을 중심으로 발달했다는 점 때문에 경제적인 수준에 따라서 이를 이용할 수 있는 사람과 그러지 못하는 사람 사이에 너무 큰 차이가 나지 않을까 우려하는 목소리도 많습니다. 이와 관련하여 에듀테크의 발전이 낳을 수 있는 여러 가지 부작용에 대해서도 말씀드리겠습니다.

## 10과 <1> 출산과 육아

### II. 들어 봅시다

**[1]**

**남자:** 당신, 어머니한테 그런 말을 해야겠어?

**여자:** 내가 뭐 틀린 말 했어? 아무리 애가 사탕을 먹고 싶다고 해도 그렇지 밥도 다 안 먹었는데 사탕을 주시면 어떡해?

**남자:** 사탕을 안 주면 밥도 안 먹고 내내 울기만 하니까 그렇지. 안 그래도 어머니가 아이를 돌봐 주시느라고 고생하시는데 당신한테 육아 잔소리까지 들으셔야 해?

**여자:** 아이 돌봐 주시는 건 감사하지만 틀린 건 이야기해야지. 어머니께서 자꾸 아이가 원하는 건 다 들어주시니까 버릇이 점점 나빠지잖아. 내가 하는 말은 무조건 잔소리라고만 하고.

**남자:** 아이의 인성이 그렇게 걱정되면 처음부터 당신이 아이를 키웠어야지.

**여자:** 내가 왜 그 소리 안 하나 했다. 아이는 꼭 엄마가 키워야 해? 당신이 회사 그만두고 아이 키울 생각은 없어?

**남자:** 마음 같아선 내가 그렇게 했으면 좋겠다. 당신하고 어머니 사이에서 눈치 보는 것도 이젠 너무 지쳤어.

**[2~6]**

**진행자:** 시청자 여러분, 안녕하십니까? 오늘 시사 초대석에서는 한국 육아 정책 연구소의 이나영 소장님을 모시고 우리나라 저출산 문제의 현황과 해법에 대해서 이야기해 보고자 합니다. 소장님, 안녕하세요?

**소장:** 네, 안녕하세요? 한국 육아 정책 연구소의 이나영 소장입니다.

**진행자:** 우리나라 저출산 문제가 심각하다는 것은 어제오늘의 일이 아니지만 최근 들어서 더욱 충격적인 통계 결과가 나왔다는 이야기를 들었습니다.

**소장:** 네, 그렇습니다. 발표된 자료에 따르면 올해 합계 출산율이 0.92명으로 지난해 0.98명에 이어서 또 떨어졌다고 합니다. 합계 출산율이 0.92명이라는 것은 가임기 여성이 낳을 것으로 예상되는 평균 출생아 수가 한 명 미만이라는 의미로 OECD 가입 국가 중 한국이 가장 낮은 수치를 보이고 있습니다. 그런데 이 같은 하락세가 내년에도 계속될 전망이어서 우려의 목소리가 높아지고 있습니다.

**진행자:** 정말 심각한 일이 아닐 수 없습니다. 소장님께서는 이 같은 출산율 하락의 원인이 어디에 있다고 보십니까?

**소장:** 복합적인 원인이 있겠지만 무엇보다 경제적인 부담이 가장 크다고 생각합니다. 젊은 세대를 대상으로 출산을 기피하는 이유를 조사해 보면 대다수 젊은이들이 아이를 낳고 키우는 데 돈이 너무 많이 든다는 것을 이유로 듭니다. 기본적인 양육비는 물론 아이가 자랄수록 늘어나는 교육비를 감당할 자신이 없다는 것이지요.

**진행자:** 양육비와 교육비뿐만 아니라 일자리와 주거 문제도 영향을 미쳤을 것 같은데 어떻습니까?

**소장:** 맞습니다. 청년 실업 문제가 장기화되고 그로 인해 젊은이들이 안정적인 주거 환경을 마련하는 데 어려움을 겪으면서 출산은 물론 결혼마저도 부담스러운 문제로 생각하게 된 것 같습니다. 또 여성 직장인들의 경우에는 출산 후 일과 육아를 병행하기 어려운 현실이 출산을 기피하는 큰 원인이 되고 있습니다.

**진행자:** 단순히 저출산만이 문제가 아니라 우리 사회가 고질적으로 앓고 있는 여러 사회 문제들이 모두 연관이 되어 있는 것 같습니다.

**소장:** 네, 이 밖에도 점차 심각해지고 있는 환경 문제와 각종 전염병, 다양한 청소년 범죄 등 사회적인 불안감이 높아진 것도 아이를 낳지 않으려고 하는 원인들이라고 봅니다.

**진행자:** 한마디로 젊은 세대는 현재 우리 사회를 아이들이 행복하게 자랄 수 없는 환경이라고 생각하는군요. 그럼 이제는 방향을 좀 바꿔서 이러한 저출산 문제를 해결하기 위한 대책에 대해서 이야기해 보겠습니다. 소장님께서는 가장 시급하게 해결해야 할 부분이 무엇이라고 보십니까?

**소장:** 청년 취업난이 해소될 수 있다면 가장 좋겠지만 그것은 오랜 시간이 필요한 문제라고 생각합니다. 따라서 현실적으로 가장 먼저 할 수 있는 일은 육아 휴직 제도를 3년 이상으로 늘리는 방안입니다. 현재는 공무원이나 공기업에서만 3년 육아 휴직이 가능한데 이를 일반 사기업에서도 확대 실시하도록 검토하는 것입니다. 그렇게 된다면 여성들이 일과 육아를 병행하는 데 큰 부담을 줄일 수 있고 경제적인 문제를 해결하는 데에도 도움이 될 것입니다. 또한 의식적으로는 우리 사회의 부모 자식 관계가 지금보다는 독립적으로 변해야 한다고 생각합니다. 우리나라에서는 전통적으로 가족 중심 문화가 강했기 때문에 부모가 자식에게 지나친 책임감을 가지고 있습니다. 자식을 낳으면 꼭 좋은 교육을 시켜야 하고 일류 대학에 보내야 하며 결혼도 잘 시켜야 한다고 생각하는 것이지요. 그런 과도한 책임감과 경쟁의식이 출산에 대한 또 다른 부담감으로 작용하는 것 같습니다.

**진행자:** 네, 정말 공감되는 말씀입니다. 우리 모두가 다시 한 번 생각해 봐야 할 부분인 것 같습니다. 소장님, 오늘 나와 주셔서 정말 감사합니다.

# 모범 답안

## 1-1 문화의 다양성

1. 1) 문화의 의미
   2) 문화를 이해하는 여러 관점
2. ②
3.

| | |
|---|---|
| 1) 문화 절대주의 | 문화의 우열을 평가하는 기준이 있다. |
| 2) 문화 상대주의 | 선진국의 문화를 무조건 좋다고 생각한다. |
| 3) 문화 사대주의 | 자기 문화와 전통만이 최고라고 생각한다. |
| 4) 자문화 중심주의 | 생명을 경시하는 문화라도 존중해야 한다. |
| 5) 극단적 상대주의 | 각각의 문화는 다 존재 이유가 있다고 본다. |

4. 한 사회의 문화를 상대주의적 관점에서 이해하고 인류의 보편적 가치를 존중하면서 다양성을 유지하려는 자세가 필요하다.

## 1-2 언어 표현과 문화

1. ③
2. ④
3. 한국어를 공부한 지 1년 이상 된 사람들
4. 같은 의미인데도 쓰이는 상황이 달라서
5. 1) X　　2) ○
6. ③

## 2-1 한글의 독창성

1. ④
2. ②
3. 1) X　　2) ○
4. 1) 발음 기관을 본떠서 만들었다.
   2) 하늘을 상징하는 '·'와 땅을 상징하는 'ㅡ', 사람을 상징하는 'ㅣ'를 기본으로 이를 적절히 조합하여 모음을 만들었다.

## 2-2 변화하는 언어

1. ③
2. ①
3. ③
4. ④
5. 1) ○　　2) X　　3) ○
6. ③

### ◆ 복습 (1~2과)

1. 내가(자신이) 틀리는 맞춤법 유형이 어떤 것인지를 알아야 한다.
2. 생략

## 3-1 음식 속의 과학

1. 공동체 정신과 나눔의 문화가 높이 평가받았다.
2. ④
3.

| | |
|---|---|
| 1) 한국 | 미소 |
| 2) 일본 | 김치 |
| 3) 프랑스 | 느억맘 |
| 4) 베트남 | 브리 치즈 |

4. ②
5. 1) X　　2) ○　　3) ○
6. 1) 건강에 유익한 성분들이 생긴다.
   2) 맛과 향도 더 깊어진다.

## 3-2 특색 있는 향토 음식

1. ④
2. ②
3. ②
4. ☑ 음식의 인지도　　☐ 음식의 가격
   ☐ 음식 홍보 방법　　☑ 음식을 알게 된 경로
   ☐ 유명 향토 음식점　　☑ 음식의 선호도

## 4-1 인체와 질병

1. ②
2. ③
3. ④
4. ②
5. 1) 염분이　　2) 고지방　　3) 설탕
   4) 흰 밀가루가　　5) 미네랄이　　6) 채식
6. 1) 식습관 개선　　2) 운동

## 4-2 현대인과 운동

1. ③
2. ②
3. 1) 여러 가지 질병의 발생을 억제할 수 있는 저항력이 커지게 된다.
   2) 신체의 상태가 악화되는 것을 예방할 수 있게 된다.
4. ②

### ◆ 복습 (3~4과)

1) 섬　　2) 특색 있는
3) 300　　4) 대면
5) 8월 31일　　6) 관광 명소
7) 73.9%　　8) 58.1%,
9) 흑돼지구이　　10) 인터넷

11) 제주도 향토 음식을 먹은 경험이 있는 대상자들은 음식에 대한 관심도와 기호도가 높은 것으로 나타났습니다.
12) 제주도 향토 음스 의 대중화에 도움이 될 (거라고 생각함)

## 5-1 생활과 과학

1. ③
2. ①
3. 1) 반응 속도와 신호 전달 속도가
   2) 두개골, 창고 크기만큼 확장될 수 있기 때문에
4. ④

## 5-2 과학과 윤리

1. ③
2. 1) 반려동물의 의지를
   2) 만들고 가볍게 여기는
   3) 유전자 편집 기술로
   4) 돌연변이나 장애와
3. 1) 과학적 안전성
   2) 생명에 대한 윤리
   3) 치료와 예방
4. ④
5. 1) ○ 2) X 3) X 4) ○
6. 유전자 편집에 대해서 전 세계적인 합의를 거쳐서 기준을 마련하려는 노력이 필요하다.

## 6-1 인터넷과 사생활

1. ④
2. ④
3.

| | | |
|---|---|---|
| 1) 남자 • | ╳ | • 동의 없는 개인 정보 수집은 위험할 수 있다. |
| 4) 여자 • | | • 개인 정보가 국가 발전에 도움이 될 수 있다. |

4. ②
5. ②
6. ②

## 6-2 현대인과 에스엔에스(SNS)

1. ④
2. ④
3. 1) X 2) X
4. ③

### ◆ 복습 (5~6과)

1. 디지털 환경에서 만들어지는 모든 자료
2. ③

## 7-1 한국의 학교 교육

1. ②
2. 대졸자의 취업률이 떨어진 현실(대학을 졸업해도 취업을 하지 못하는 현실)
3. ④
4. ④

## 7-2 한국의 교육열

1. ④
2. ③
3. ①
4. ④
5. ①
6. ④

## 8-1 인성 교육

1. ③
2. ④
3. 1) 이름표 만들기 2) 명상
4. ①
5. ④
6. ③

## 8-2 꾸준한 배움

1. ③
2. 1) X 2) ○
3. 동화 구연 (수업)
4. ③

### ◆ 복습 (7~8과)

1. 교육과 기술이 결합된 단어로서 교육 서비스에 정보 통신 기술을 활용하는 것
2. ②
3. ②

## 9-1 남성성과 여성성

1. ③
2. ④
3. 1) ○ 2) X 3) X
4. ① 불필요한 회식이나 야유회, 워크숍 등의 행사를 없앰.
   ② 남녀 불문 출산 휴가와 육아 휴직 보장

## 9-2 연애와 결혼

1. ③
2. ②

3. 1) X 2) ○ 3) X
4. 1) 어머니가 최근 허리 디스크 수술을 하셔서
   2) 입주 도우미를 들이는 방법
   3) 비용이 만만치 않아서

## 10-1 출산과 육아

1. ④
2. ③
3. ②
4. ①
5. ④
6. 1) 육아 휴직 제도를 3년 이상으로 늘려야 한다.
   2) 부모 자식 관계가 보다 독립적으로 변해야 한다.

## 10-2 가족 형태의 변화

1. ②
2. ③
3. 1) ○ 2) X
4. ①

### ◆ 복습 (9~10과)

1. ①
2. 생략

# 색인

## 어휘 색인

**ㅇ**